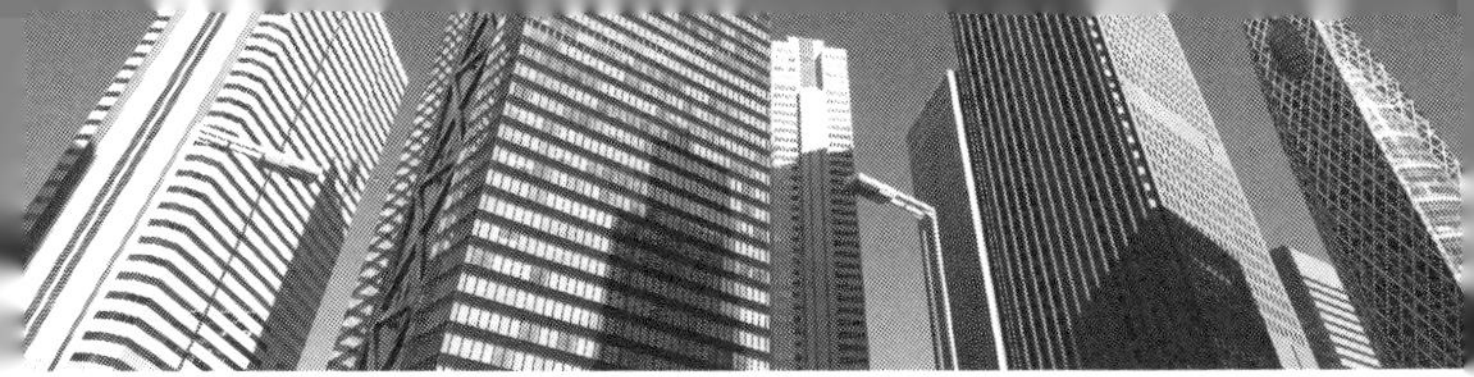

一番わかりやすい

日本経済入門

久留米大学商学部教授
塚崎公義

河出書房新社

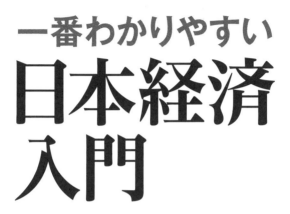

複雑な経済の仕組みが手に取るようにわかる！

●はじめに

現代は情報過多の時代ですから、経済のニュースもあふれています。たとえば、「財政赤字が深刻だ」ということは誰でも知っているでしょう。

では、財政赤字はどれくらいの規模なのでしょうか？　なぜ、財政赤字は減らないのでしょうか？　「歳出の無駄を省《はぶ》けば財政赤字は削れる」のでしょうか？　増税をしないと財政赤字が減らないなら、どうして増税しないのでしょうか？　単に政治家が人気取りをしているだけでしょうか？——こうしたことまで知らないと、財政赤字が本当に深刻なのか否《いな》かは、理解できないでしょう。

世の中に流れているニュースの多くは、「ゾウが尾に怪我《けが》をした」といったものです。ゾウというものを読者が知っていることを前提として、変化した部分だけをニュースとして流すのです。いちいちニュースのたびにゾウの絵を載《の》せていては大変ですから。しかし、情報の受け手としては、ゾウがどのようなものかを知らないと、そのニュースの意味が理解できないでしょう。

そこで本書は、財政支出の中身がどうなっているのか、つまり、ゾウがどういう姿をしているのか、といった「常識」を持っていただくために、幅広い範囲の知識を取りまとめたものです。本書を読めば、日本のマクロ経済については一通りの常識が身につくはずです。

もちろん、経済記事を理解するためには幅広い知識が必要です。株価の動き、為替の動きなどの金融市場関係、各業界の事情、各企業の状況等々、知っておくべきことは山ほどありますが、多くの人が苦手意識を持っているであろうマクロ経済について本書でしっかり理解しておけば、後は体系的な本を読まなくても、個別知識の入力で何とかなるでしょう。

日本経済の入門書は多数ありますが、相当気合を入れないと読めない難解なものも多く、手軽に読めるものは意外と少ないようです。そこで筆者は2013年に『よくわかる日本経済入門』を朝日新書から上梓《じょうし》しました。おかげさまで好評でしたので、2015年に増補改訂版も上梓しました。

本書は、さらにわかりやすい経済入門書を目指し、最新の情勢を踏まえて平易な内容へと全面にわたって書き改めたものです。経済初心者が最低限知っておくべき内容をコンパクトに説明しています。各項目には、基本的な内容を記した上で、見開き2ページの「補論」を付けました。ここは読まなくても構いませんが、興味のある方は、ぜひお読みください。

本書は、広く経済初心者を対象としたものです。日経新聞を読み始めた就活生や若手ビジネスパーソン、株式投資を始めた主婦、そして大学で日本経済について勉強している学生等々、多くの方にお読みいただきたいと思います。経済初心者でなくても、経済情勢は数年経つと大きく変化しますので、最近の状況をまとめて復習する際のお役にも立てるでしょう。

29項目ですので、毎日1項目お読みいただくと1か月で読み終わるはずです。大学の教科書として使う場合には、29回の講義の教材となるでしょう。補論についても、ゼミのディスカッションの材料などにお使いいただければ幸いです。

*

本書は、4章から成っています。第1章では、戦後日本経済史を概観しました。現在は過去の積み重ねですから、過去を知らないと現在が理解できないからです。「愚者《ぐしゃ》は経験に学び、賢者は歴史に学ぶ」というと格好良すぎますが、バブルや金融危機などは、繰り返す場合も多いですから、しっかり学んでおくことは自分の身を守ることにもつながるでしょう。

第2章は、賃金や生活費など、身近な問題を採《と》りあげました。他人の家計簿を覗《のぞ》くような内容、年金制度の説明、人生に必要なお金の話など、身近な問題として経済に興味を持っていただければと思います。

第3章は、企業や産業等について記しました。エネルギー問題や貿易の姿などについても、常識として知っておきたいことを幅広く採りあげました。金融の話などは、若干親しみやすさに欠けるかもしれませんが、重要なことですので、しっかり理解していただきたく思います。

第4章は、マクロ経済です。個々の主婦や企業経営者の視点ではなく、総理大臣の視点で日本経済を見てみよう、というわけです。

「木を見て森を見ず」にならないように、航空写真で森の姿を見てみよう、というものですが、「マクロ経済は手触《てざわ》り感がなくて苦手だ」という人も多いでしょう。そこは、心の持ちようです。苦手な人が多い分野であればこそ、少し理解しているだけでも周囲から高く評価されるかもしれませんから、頑張って読んでみましょう。

本書が、読者の皆様に経済への親しみを持っていただける契機となれば幸いです。

塚崎公義

第1章 戦後日本経済史

1 戦後日本経済史の概観 ―― 16

戦後10年で復興、その後18年間は高度成長期／石油ショックからバブルまでが安定成長期／バブル崩壊以降、30年近い長期低迷期を経て現在に至る

補論 高度成長期と長期低迷期は「正反対」 22

2 戦後の為替、株価、金利 ―― 24

為替レートは、1971年まで1ドル360円の固定相場／為替レートは、1971年から1995年まで円高、その後は横ばい圏／株価は、バブルまで概ね一本調子の上昇、その後は不冴えが持続／金利は、バブル崩壊までは今よりはるかに高かった

補論 株価は(為替も)、ファンダメンタルズと思惑で動く 30

補論 360円だったドルが120円になっても大丈夫な理由 32

3 高度成長期——34
需要と供給がバランスよく伸びたことが成長持続を可能に／供給力の伸びの背景には、農村からの労働力供給あり／安くて優秀な労働力で輸出製品を作り、資源等を輸入／高度成長期の後半は、労働力不足が深刻で賃金と物価が上昇／高度成長期は、石油ショックが来なくても終わる運命だった
補論 今も残っている高度成長期の影響　40

4 バブルの時代——42
バブルには2種類ある。最近はすべてユーフォリア／「強欲な愚か者がバブルに踊っていた」わけではない／バブルの遠因はプラザ合意後の円高／バブル期の景気は絶好調／バブルに踊らされないための4条件
補論 なぜ、銀行はバブル期に融資を積極化してしまうのか?　48

5 長期低迷期——50
バブル崩壊直後は、バブル期の反動減による落ち込み／90年代後半は、不良債権問題が景気に悪影響／小泉構造改革は需要より供給面の強化に注目
補論 長期不振の原因は「内需の弱さ」　56

6 リーマン・ショック——58
住宅バブル崩壊でリーマン・ブラザーズが倒産／金融機関相互の資金貸借が止まり、貸し渋りが横行／本当の問題は、銀行の自己資本比率規制による貸し渋り／世界経済に深刻な打撃。日本の輸出も激減
補論 市場は暴走する場合があるので、要注意　64

7 ギリシャの財政危機 66
ギリシャがユーロを使っていたから景気回復手段が限られた／ギリシャがユーロ圏から離脱することを市場が恐れた／結局、ギリシャはユーロ圏に残ることを選んだ／ギリシャの危機で、スペイン等の国債も下落／他国に財政再建を急がせる契機に
補論 日本はギリシャと違うので、財政は破綻しないはず 72
8 アベノミクス 74
大胆な金融政策（緩和）でデフレ脱却を目指す／機動的な財政政策（公共投資増額）は、当初は効果を発揮／成長戦略は、供給側の強化を狙ったものだが、力不足／景気は回復したが、その経路は不思議なことが多い／労働力不足なのに賃金が上がらず／消費者物価上昇率2％の目標は、いつか実現すると期待
補論 世の中に資金が出回らなかったのに、ドルと株が値上がりした 81

第2章 暮らしの中の経済

1 日本の人口構造 84
日本の人口は1・3億人。成人は1億人／日本の人口は、江戸時代の約4倍／人口ピラミッドの下半分は、逆三角形／高齢化が進展／人口の大都市への集中
補論 少子化は止められるのか？ 90

2 日本の家計消費 92
家計調査は2人以上世帯が中心／平均的な家計は人数が3人で消費額が月28・2万円／1世帯あたりの金融資産は、平均1820万円、普通の勤労者世帯は734万円／所得格差より資産格差のほうが、はるかに大
補論 格差は拡大しているのか？ 98
補論 格差は悪いことか？ 99

3 雇用と失業 100
労働力人口は約6800万人／失業率は3％程度。女性、高齢者より現役世代男性のほうが高い／失業率は高度成長期より高いが、雇用のミスマッチが主因／非正規労働者は正社員に比べて低収入で不安定／バブル崩壊後の長期低迷期、企業は非正規労働者にシフト
補論 昨今の就職活動事情 106

4 女性の活躍 108
女性の就業率は大幅に上昇／女性の就業は、非正規比率が高く、収入も少額／税制等の問題も／男女の賃金格差の主因は非正規労働者比率の違い
補論 女性の社会進出の阻害要因は多様 114

5 インフレとデフレ 116
戦後の日本経済はインフレに、次いでデフレに悩まされていた／デフレは、なぜ問題なのか／なぜ、消費者物価指数上昇率の目標はゼロでなく2％なのか／なぜ、インフレ率は2％にならないのか、諸説あり
補論 ガソリンの値段はニューヨークで動く 122

6 年金の制度 124
年金は3階建て。1階部分は国民年金（基礎年金）、2階部分は厚生年金／専業主婦か否かの境目は原則として年収130万円／公的年金は長生きとインフレへの強い味方／3階部分は私的年金
補論 年金上の「身分の変化」に要注意 130

7 人生にかかるお金 132
人生は、養ってもらう、稼ぐ、使う、の3ステージ／社会に出るまで2000万〜4000万円かかる／老後資金は夫婦で1億円必要だが、普通のサラリーマンは大丈夫／人生の3大費用は老後、住宅、子育て
補論 住宅ローンは固定金利のほうが安心 138
補論 老後資金はリスクを避けて分散投資 138

第3章 企業・産業・金融の動き

1 日本の企業 142
数は少ないが存在感の大きな大企業／利益率は、大企業が高く中小企業が低い／日本企業の国際化は着実に進展
補論 企業の利益が振れるのは「固定費」があるから 148

2 日本的経営 150
日本企業は従業員主権／日本的経営の特徴は「終身雇用」「年功序列賃金制」「企業別組合」／企業間の継続的取引も日本の特徴／銀行との関係も、メインバンクと息の長い取引
補論 日本的経営の変質 156

3 日本の食料問題 158
農林水産業の国内生産は9兆円、飲食料消費は76兆円／食料自給率はカロリーベースで39%／国民経済に占める農業のシェアは一貫して減少／日本の農業は生産性が低い産業
補論 農業従事者は少ないのに、農産物の輸入自由化は難しい 164

4 日本のエネルギー事情 166
エネルギー効率は長期的に改善中／エネルギー安全保障は極めて脆弱／地球温暖化の観点から求められる非化石燃料の活用／電力・ガスの小売が全面自由化
補論 日本経済のエネルギー効率は世界でも優等生 172

5 金融の役割 174
お金が余っている人から足りない人へ融通するのが金融／銀行の本業は利ざやを稼ぐこと。証券会社は顧客と顧客の「仲人」／日本で資金を借りているのは政府
補論 日本の家計は預貯金が大好き 180

6 日本の貿易――182
貿易収支は、長期にわたって黒字基調を維持／リーマン・ショックと原発事故で貿易収支が赤字に／輸出は機械類が中心。輸入も製品類が中心／地域別は輸出入ともアジアが約半分。主な相手国は中国と米国
補論 米国の景気は日本の輸出に非常に重要 188
補論 米国の景気悪化が、日本の輸出を抑制する効果も 189

7 日本の国際収支――190
経常収支は貿易収支等の合計／経常収支は国の家計簿（フロー編）／経常収支は黒字。対外資産からの利子配当収入が巨額／対外純資産は巨額のプラス
補論 経常収支は黒字が良いとは限らないが… 196

第4章 景気と物価、財政金融政策

1 日本の財政――200
財政の役割は「公共サービス提供」「所得再配分」「景気の安定化」／国は全体の、地方公共団体は生活に密着した支出が多い／国の一般会計の歳出は社会保障、国債費、地方交付税交付金が主
補論 なぜ、増税は「消費税」なのか？ 206

2 財政赤字 208
社会保障、国債費、地方交付税交付金の歳出だけで税収等を上回る／増税は容易ではない／国際的にも日本の財政赤字は巨額／「国の赤字」は政府の赤字で、日本国の赤字ではない
補論 財政赤字は「自分たちの浪費のツケを子供たちに払わせる」ものなのか？ 214

3 日本のGDP 216
GDPは「国内で生産されたモノ（財およびサービス）の合計」／他国との比較で豊かさを、前年との比較で景気を考える／日本のGDPを生産面から見ると、第三次産業が圧倒的／需要項目別には、個人消費が圧倒的に大
補論 景気を見る上で重要なのは、支出面から見たGDPの成長率 222

4 景気変動のメカニズム 224
景気は自分では方向を変えない／政府日銀の方向転換が基本だが、実際には外国の影響が大／戦後の景気変動は、平均3年拡大、1年強後退／景気は水準より方向が重要
補論 景気予測の第一歩は「現在の方向」を見定めること 230

5 財政金融政策の手段と効果 232
景気変動の基本は財政金融政策による方向転換／政府は公共投資と減税／日銀は金融緩和と金融引き締めで景気をコントロール／金融引き締めの効果は抜群。金融緩和の効果は小さいはずだが
補論 公共投資は無駄なのか？ 238

6 景気と金利、株価、為替 240
景気が回復すれば金利は上がるはず（通常なら）／（でも今は）日銀が大量に国債を買うので長期金利が上がらない／金利が上がれば景気が弱まる自動調節機能がある（通常は）／景気が良ければ株価が上がる傾向／株価は景気の先行指標だが、景気の押し上げ要因とは言えない／好景気は円高要因のはず／円安は輸出を増やして景気を回復させるはずだが
補論 長期金利が上がると国債は値下がりする 246

7 景気の現状を知る 248
内閣府と日銀は日本最高のエコノミスト集団／月例経済報告の3ページ目に要旨あり／個別の経済指標では鉱工業生産指数／需要項目別には設備投資、輸出数量
補論 景気を語るのは学者、予想屋、市場予想屋、トンデモ屋 254

装丁●スタジオ・ファム
カバー写真●和田哲男／アフロ
図版作成●新井トレス研究所
●株式会社WADE

第1章

戦後日本経済史

1 戦後日本経済史の概観

戦後の日本経済は大きく三つの時期に分けられます。復興から高度成長へ（1945年〜1973年）、安定成長からバブルへ（1974年〜1990年頃）、バブル崩壊後の長期低迷期（1990年頃〜）です。青年期、壮年期、老年期といったイメージですね。

●戦後10年で復興、その後18年間は高度成長期

戦後の日本経済は、焼け跡の中から始まりました。食料をはじめ、すべての物資が乏《とぼ》しい中、幸運だったのは戦勝国からの賠償請求が非常に軽かったのみならず、米国からは援助も受けることができたことです。

政府（GHQ）が激しいインフレを抑え込むために新円切り替えなどを行なったり、財閥解体などの経済民主化を断行したり、傾斜生産方式（石炭や鉄鋼など重要物資の生産を最優先する政策）を採用したことなどもプラスになりました。

加えて、日本人が勤勉で、戦前からの教育レベルが高かったことも、速《すみ》やかな復興に役立ちました。工場は焼けてしまいましたが、日本人の優秀さまで失われてしまったわけではなかったのです。こうして日本経済は、10年ほどで戦前の経済水準にまで復帰することができました。

それから1973年の第一次石油ショックまでが、日本経済の高度成長期でした。毎年平均10%近い経済成長率で工場の生産が飛躍的に拡大し、人々の暮らしはみるみる豊かになりました。焼け野原だった日本が、世界第二の経済大国にまでなったのです。

最近の中国経済が目覚ましく発展していますが、当時の日本経済はこれと大変似ていました。余談ですが、筆者は中国経済を研究している人々に対し、高度成長期の日本経済について学ぶようにアドバイスをしています。

高度成長期の前半は外貨が足りませんでした。原材料等を輸入するためのドルを輸出で稼ぐ必要があったのですが、日本製品は競争力が弱く、なかなか輸出できなかったからです。高度成長期の後半になると、輸出が増えて外貨不足は解消されましたが、今度は都会の工場の労働力不足が深刻化しました。農村から若者が働きに出てきましたが、それでも足りなかったのです。しかし、日本経済は、そうした困難を乗り越えて目覚ましい発展を続けました。

●石油ショックからバブルまでが安定成長期

高度成長期は1973年の石油ショックで終わりましたが、その後も1990年頃までは「安定成長期」が続きました。経済成長率は高度成長期の半分程度でしたが、今から見れば十分高い成長率でした。

高度成長期と安定成長期の大きな違いは、量の拡大が中心であった高度成長期に対し、安定成長期には日本製品の品質が大幅に向上したことです。高度成長期には「日本製品は安いけれども品質が悪い」と言われていたのが、安定成長期の終わり頃には「日本製品は品質が良いので、高くても買いたい」と言われるようになっていたのです。

1985年のプラザ合意（先進5か国がドル安誘導で合意した会議）以後、急激な円高が進みました。これにより、ドルに換算した日本製品の価格が大幅に値上がりしたにもかかわらず、売れ行きはあまり落ちませんでした。それを見て、日本人は日本製品に自信を持ちました。これが「日本経済は世界一だ」との過信につながり、バブルの一因となったのです。

安定成長期の最後3年間ほど（1987年頃から90年頃）は、バブルの時代でした。株価と地価が経済の状況（「ファンダメンタルズ」と呼びます）からは説明できないほど大幅に値上がりしたのです。もっとも、当時の人々は、「今の経済の状態からすれば高すぎるかもしれないが、21世紀は

【図1−1−1】戦後経済史年表

時期		年	出来事
		1945年8月	終戦
復興期			経済民主化（財閥解体、農地改革等）
			朝鮮特需（1950年〜52年頃）
		1955年頃	戦前の経済水準回復
高度成長期		1960年	国民所得倍増計画
		1964年	東京オリンピック、OECD加盟[1]
			経常収支黒字定着
			労働力不足、インフレ、公害が問題
		1971年	ニクソン・ショック、円切り上げ
		1973年	変動相場制移行
		1973年10月	第一次石油ショック
安定成長期	狂乱物価		総需要抑制策
		1975年	安定成長軌道へ
			経済の国際化
			重厚長大から小型化、省エネへ
			米国でレーガノミクス（1981年〜）[2]
		1985年	プラザ合意→急激な円高へ
			景気対策（金融緩和、財政出動）
		1987年頃	バブルの始まり
	バブル期		日本的経営の賞賛→日本人の過信
			地価、株価の高騰
			景気の過熱
		1990年頃	バブルの崩壊
長期低迷期			不況（好況の反動など）
			不良債権問題の深刻化
		1997年〜1998年	金融危機、アジア通貨危機
			景気対策（ゼロ金利政策、財政出動）
		2000年	米国ITバブル崩壊
		2001年	小泉内閣発足。構造改革路線
		2002年	輸出主導の景気拡大
		2008年	リーマン・ショック（米国発）
			急激な景気後退
			景気対策（非伝統的財政金融政策）
		2010年	ギリシャ危機
		2011年	東日本大震災
		2013年	アベノミクス

1　OECDは、先進国クラブと呼ばれる組織
2　レーガン大統領の減税と軍拡で、米国は財政と経常収支の双子の赤字に

日本の時代になるのだから、それを考えれば今の価格でも高すぎない」と考えていたのです。日本経済を過信していたのですね。

●バブル崩壊以降、30年近い長期低迷期を経て現在に至る

バブル崩壊後、しばらくはバブル期の好景気の反動で不景気でした。

バブル期に立派な設備を作った企業は、もう設備投資をしませんし、自動車を買った家計はもう自動車を買いませんから、需要が「先喰《さきぐ》い」されてしまっていたのです。

その後、90年代後半にはバブル期の貸出が焦《こ》げ付いて大赤字になる銀行があいつぎ、大手銀行が倒産するなどの「金融危機」が発生しました（１９９７年～98年）。「金融は経済の血液」と言われるように、金融機関が倒産したりすると、融資が受けられず、給料が払えずに倒産する借り手企業が多発するなど、経済に深刻な影響が出るのです。

政府日銀の懸命な対応で金融危機は収まりましたが、その後も米国のＩＴバブルが崩壊した影響で輸出が減ったり、米国でリーマン・ショックが発生して日本の輸出が激減したりして、日本経済はそのたびに景気が悪化し、本格的な好景気にならないまま、30年近くが経過しています。

日本経済は、国内の民間部門の需要が弱いため、輸出と公共投資に頼る傾向があるのです。し

【図1−1−2】実質経済成長率の推移

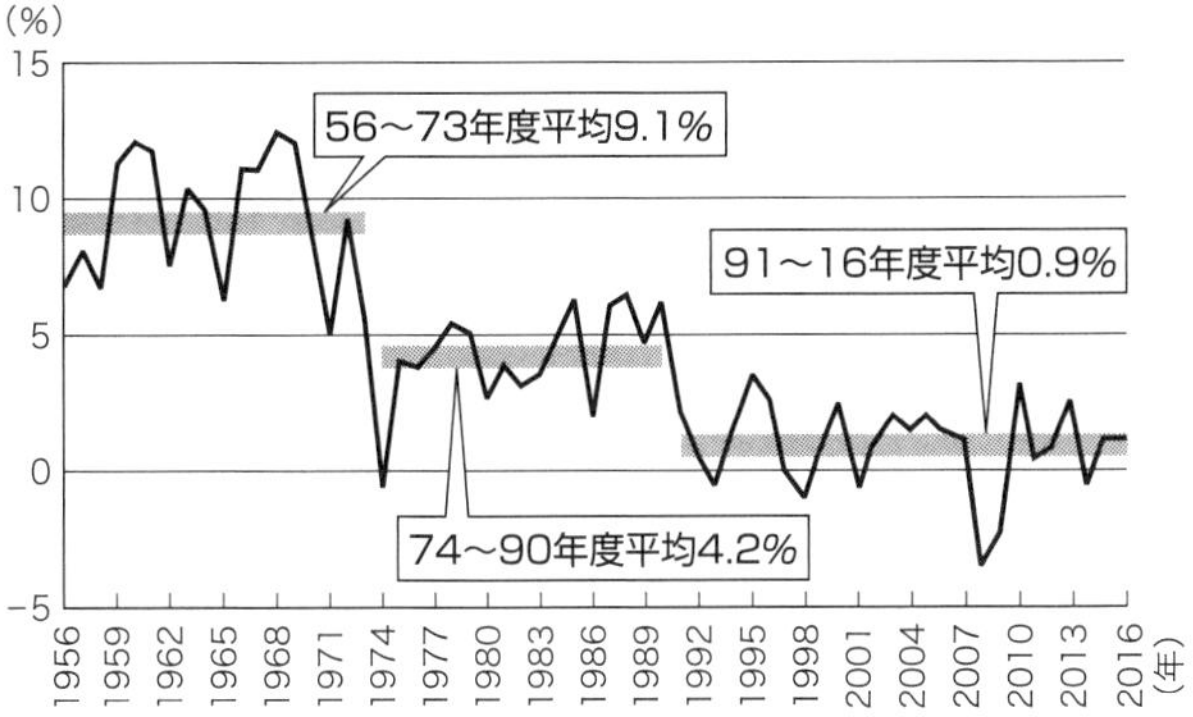

（出所）社会情報データ図録ホームページ

かし、公共投資は「バブル崩壊後に巨額の投資をしたのに景気が良くならなかった。公共投資は無駄だ」と考える人が増えたこともあり、不人気な政策となってしまいました。財務省が景気よりも増税・歳出削減を優先する頑《かたく》なな姿勢も、景気への逆風となっています。そこで、輸出が落ち込むと、簡単に景気が落ち込んでしまうのです。

２０１２年末に始まったアベノミクス（安倍政権の経済運営）により、本書執筆時点では景気が回復・拡大を続けています。

このまま景気が拡大を続けて本格的な好景気となれば、日本経済がようやく長期低迷期を脱することができるでしょう。そうなることを期待しましょう。

高度成長期と長期低迷期は「正反対」

高度成長期は、需要がほぼ無限にあり、作れば売れる、という時代でした。人々の給料は順調に上がり、テレビや冷蔵庫や洗濯機といった家電製品を皆が買いたがったのです。工場建設も盛んでした。作れば売れて儲《もう》かるのですから、とにかく銀行から借金をして工場を建てようとする会社が非常に多かったのです。

一方で、生産力は限られていましたから、こうした需要が全部実現してしまうと、需要が供給より大きくなり、物価が上がってインフレになってしまいます。そこで、政府と日銀が銀行に「重点産業には融資して良いが、融資の総額はあまり増やさないように」と指示をしていたのです。工場建設資金を銀行が貸しすぎると、工場建設資材の需要が増えすぎて値段が上がってしまうからです。

反対に今は、人々の給料が上がらず、しかも老後の心配をする人が多いので、消費が盛り上がりません。企業も「日本経済は人口が減少していくので将来は明るくない」と考えているので、設備投資に慎重です。そこで、銀行は貸出金利を思い切り引き下げていますが、それでも借り手が少なくて困っています。

高度成長期の経済は、基本的に好循環でした。「皆が買うから企業が大量に作る。企業は作るために労働者を雇う。雇われた人が給料をもらうからモノを買う」といった具合です。それに対し、長期低迷期には「皆がモノを買わない。だから企業がモノを作らない。作らないから雇う必要がない。雇われないから給料がもらえずにモノが買えない」といった具合でした。アベノミクスにより、ようやく雇用が増えてきたので、これが消費に結びついてくれることを期待しています（今のところは、将来不安などから、なかなか消費が増えてきていませんが）。

高度成長期には、「会社は家族であり、従業員の共同体だ」ということで、会社が儲かれば給料が上がっていました。だから消費が増えたのです。

しかし最近では、「会社は株主のものだから、儲かっても給料は上げずに配当を増やす」と考える会社が多いので、労働力不足になっても、企業が儲かっても、給料があまり上がらず、従って消費も増えない、ということになっています。

高度成長期と現在とで最も違うのは、「日本経済の将来は明るい」と人々が思っているか否《いな》かでしょう。日本経済は明るいと思えば、人々は積極的に消費をし、投資もしますが、日本経済の将来が暗いと思っていれば、消費にも投資にも慎重になるでしょう。それが実際に日本経済を暗くして、見通しが当たってしまう、という皮肉なことが起きているわけです。

2　戦後の為替、株価、金利

為替レートは、1995年頃までは大きな流れとして「ドル安円高」が続いていましたが、それ以降はとくに方向感なく推移しています。株価はバブル期までほぼ一貫して上昇し、バブル崩壊で暴落し、その後はとくに方向感なく推移しています。金利は、バブル崩壊までは上下を繰り返していましたが、バブル崩壊後は概《おおむ》ねゼロ%付近で低位安定しています。

●為替レートは、1971年まで1ドル360円の固定相場

戦後の為替レートの動きを大きな眼で見ると、三つの時期に大別できます。第1期は、1ドルが360円の固定相場だった時代（1949年〜1971年）、長期的に円がドルに対して高くなっていった時代（1971年〜1995年）、為替相場に大きな方向感がなく、横ばい圏で推移している時代（1995年〜）の三つです。

1971年までは、360円の固定相場でした。当初は、焼け野原の日本にとって厳しいレー

トだったのでしょうが、必死に政府が輸出産業を育て、必需品以外の輸入を抑制することで、何とか資源等を輸入するための外貨を確保していた、という状況でした。

復興期から高度成長期にかけて、立派な工場が多数建ち、輸出産業が育ってくると、ようやく日本経済の外貨繰《ぐ》りが楽になりました。もっとも、これを米国から見ると「日本の繊維《せんい》産業などが育ってきたため、米国の繊維産業などの脅威となっている。対策が必要だ」ということになり、1971年にニクソン・ショックが発生します。1ドルが360円から308円に変更され（円が切り上げられ）たのです。

●為替レートは、1971年から1995年まで円高、その後は横ばい圏

しかし、それでも日本の輸出は好調を維持したので、1973年には固定相場制が廃止され、変動相場制の時代となります。「輸出が増えると輸出企業がドルを売るため、政府が円相場を操作しなくても、ドル安円高が自然に進む」という時代になったのです。

1995年までは、行ったり来たりしながらも、大きな流れとしては、円高方向でした。「米国のインフレ率が日本よりも高いので、為替レートが一定で推移すると、次第に日本製品の競争力が増し、貿易収支が黒字になり、輸出企業が持ち帰ったドルを売ることで円高になる」というこ

とが続いたからです。

ところが、1995年に1ドル80円にまで円高が進むと、そこで止まります。その後は、1ドル80円と120円の間で（時々ハミ出しますが）行ったり来たりするようになったのです。

●株価は、バブルまで概ね一本調子の上昇、その後は不冴えが持続

企業が成長して利益が増えると株価は上がります。日本企業は、全体として見れば、復興期、高度成長期、安定成長期を通じて概ね順調に成長したため、株価も（短期的な下落は何度も経験しましたが）基本的には上昇していきました。個別銘柄はともかく、平均株価で見れば、比較的なだらかな上昇が続いていたわけです。

バブル期には、「ユーフォリア」と呼ばれるような熱狂的な雰囲気の中で、株価はファンダメンタルズ（実体経済の状況）からは考えられないほど高い値段まで上昇しました。「日本経済は世界一で、21世紀は日本の時代だ」と人々が信じていたので、株価が高いのは当然だ、と思われていたのです。

バブルが崩壊してからは、経済が長期低迷していることを反映して、株価も低迷しています。もちろん上下はしていますが、水準としてバブル期の半分まで戻るのが精一杯といったところで

【図1−2−1】米ドルレートの推移

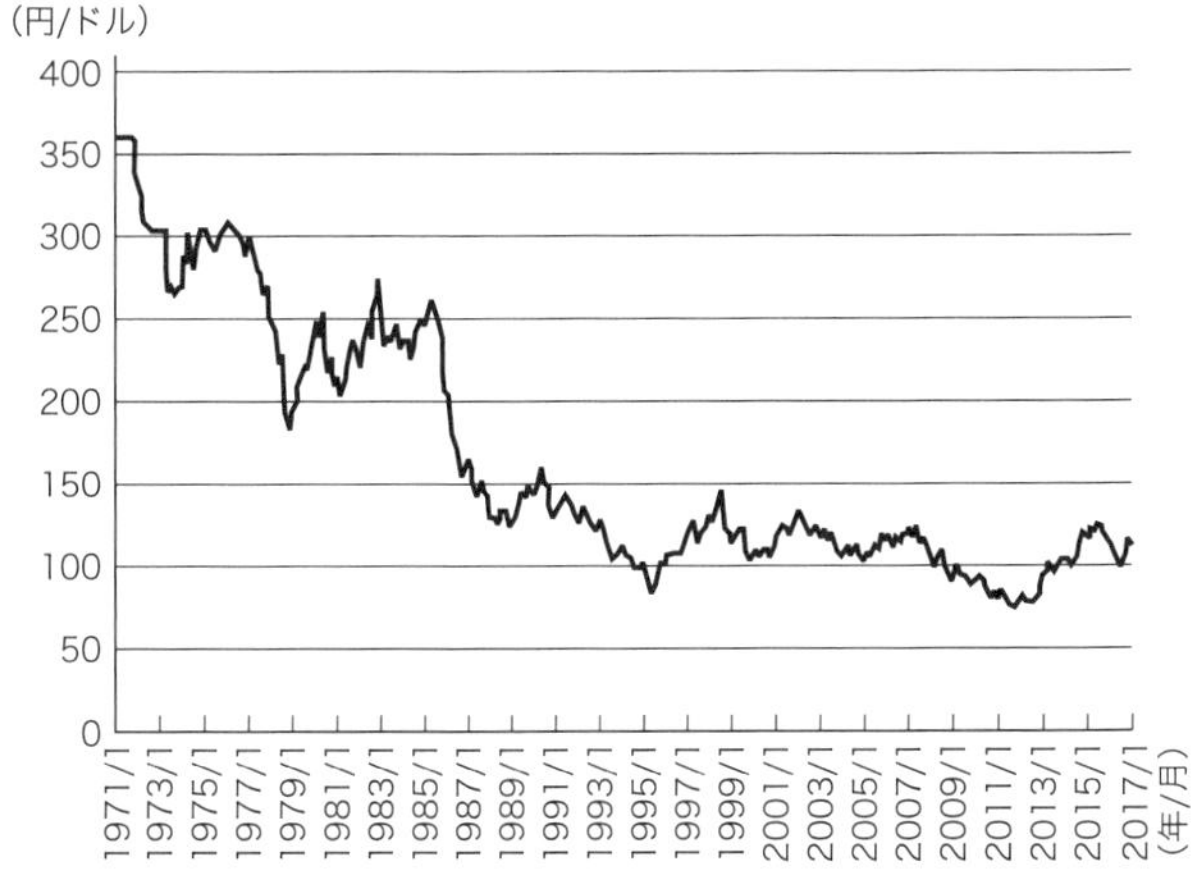

(出所)PACIFIC Exchange Rate Servise

【図1−2−2】日経平均株価の推移

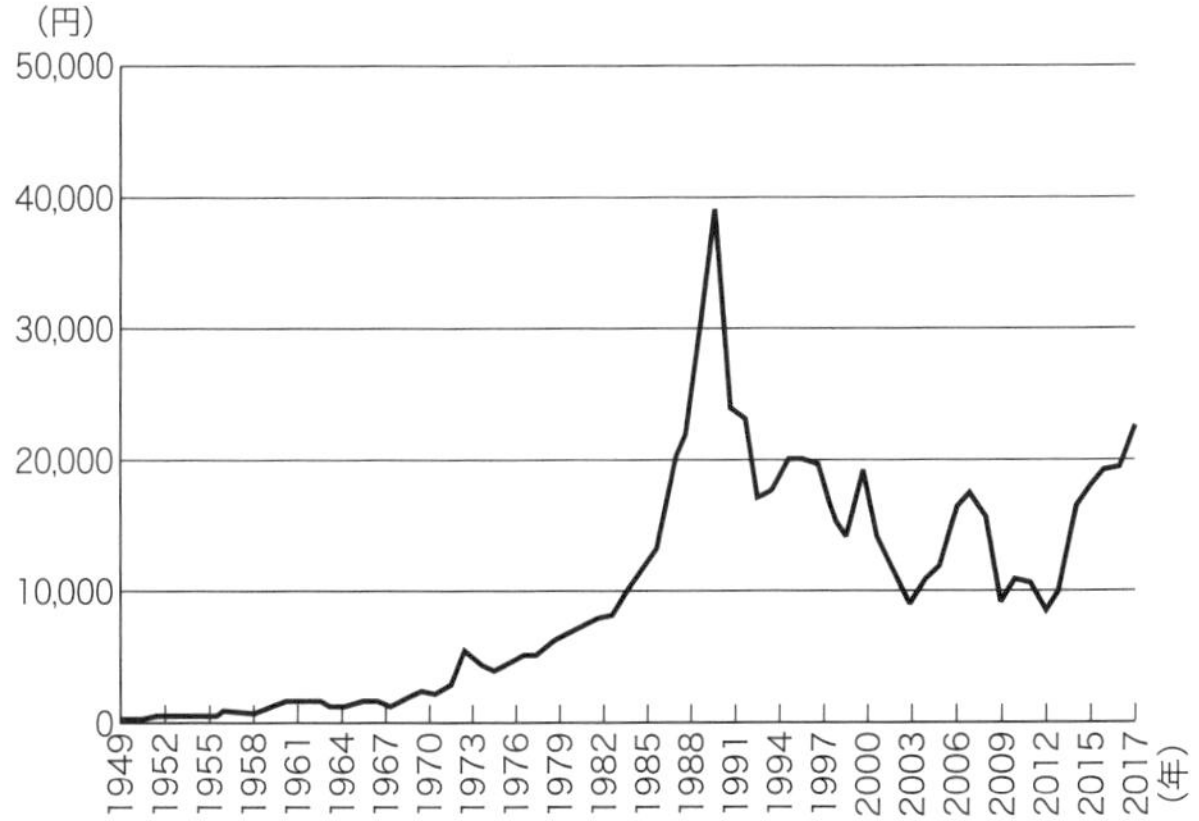

(注)終値ベース。ただし2017年は10月終値。

(出所)日経平均プロファイル

す。日本企業全体として見ると、企業の利益はバブル期よりも良いのですが、「日本経済の将来は、少子高齢化で暗い」と人々が思っているため、バブル期のように「日本経済の将来は明るい」と人々が思っていた時代と比べれば、株価が異なるのは当然ですね。

●金利は、バブル崩壊までは今よりはるかに高かった

バブルが崩壊するまでは、金利は今よりもはるかに高い水準でした。景気の良い時やインフレの時は金融引き締めで金利が高く、景気が悪い時やインフレ懸念が少ない時は金融緩和で金利が低く、といった変動はありましたが、一番金利が低い時でも、今よりははるかに高かったのです。

理由の一つには、物価上昇率が今より高かったことがあげられます。金利は物価上昇率の影響を強く受けます。というのは、日銀が金融政策を考えるとき、最初に考えるのは「金利を物価上昇率並みにするか、それより高くするか、低くするか」ということだからです。

今の日本で金利が10%だったら、厳しい金融引き締めとなりますが、物価上昇率が20%の国があったとして、金利が10%だったら金融緩和となります。人々は、金利10%で借金をして、来年使う予定のモノを買い急ぎするでしょうから、いっそうインフレになるでしょう。

つまり、日銀が重視しているのは「金利マイナス物価上昇率」なのです。これを「実質金利」

【図1-2-3】短期金利の推移

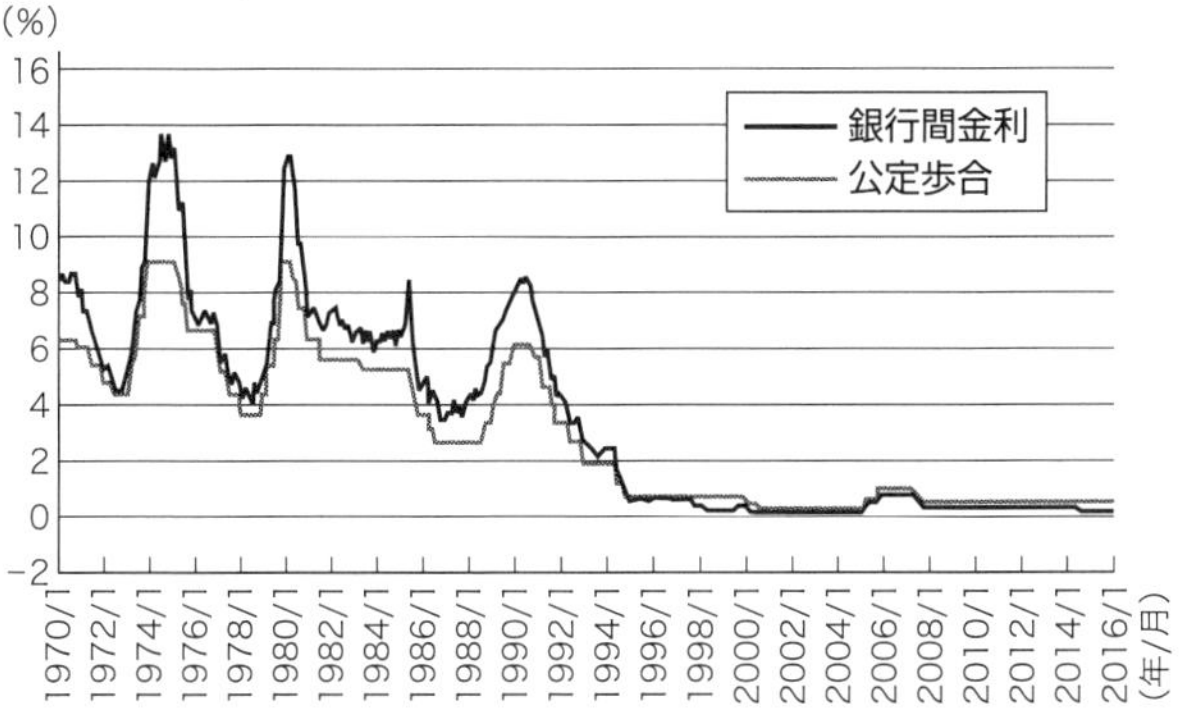

(出所)日銀ホームページ

と呼びます。これとの対比で物価上昇率を引かない金利を「名目《めいもく》金利」と呼ぶ場合もあります。

また、バブル期までは、不況期といえども今よりは資金需要がありました。人々は、日本経済が長期的に成長していくと考えていたため、金利が下がったら借金をして将来のために工場を建てよう、と考える企業も多かったのです。そこで日銀は、少しずつ金利を下げていきましたが、金利が下がり切る前に景気が回復を始めた、というわけです。

バブル崩壊後は、状況が一変します。バブル崩壊から数年で金利がゼロ近くまで下がり、そのまま現在までゼロ近辺での推移を続けているのです。物価が上がらなくなったこと、資金需要が弱いのでゼロ金利でも景気を回復させることが難しいこと、などがその要因となっています。

株価は（為替も）、ファンダメンタルズと思惑で動く

「正しい株価」について考えてみましょう。企業の決算書等の情報から導かれるもので、ファンダメンタルズに基づく株価、と呼びます。株式は企業の一部を所有するものですから、株価の基本は、企業の価値です。これには、現在の資産に着目した「一株あたり純資産」と将来の配当に着目した計算方法があります。

一株あたり純資産は、企業が現在持っているモノ（負債差引後）を株主で山分けしたら何円になるか、というものです。ただ、通常の株価は、一株あたり純資産より高くなっています（株価を一株あたり純資産で割った値をPBRと呼び、これは1を上回っているのが普通です）。

これは、企業が持っているノウハウや顧客リストなど、価値はあるけれどもバランスシートに計上されていない「資産」を考慮したものです。また、急成長しているハイテク企業などでは、将来の一株あたり純資産を予想して「正しい株価」を計算するので、現在の一株あたり純資産とはかけ離れた値になる（PBRが非常に大きい）こともあります。

もう一つは、配当に着目して「正しい株価」を求めるものです。「100円の銀行預金で1円の利子が稼げるなら、毎年1円配当する株は100円が正しい」ということです。もちろん、「この

会社は成長しているから、将来は配当が増えるだろう」とか、「株は値下がりするリスクがあるから、配当が2円もらえないと100円出して株を買う気にならない」といったことはありますので、そういう事情が反映された株価が「正しい」わけですが。

上記のような、「正しい株価」は、「今日株を買って、ずっと持っている」人にとっては意味がありますが、「今日買って明日売って儲けよう」という人には意味がありません。今日買って明日売る予定の人にとっては、市場の噂や思惑のほうが重要です。「あの株は上がりそうだ」「昨日のニューヨークで株高だったから、今日の東京も株高だろう」「日銀が金融緩和しそうだから、株高だろう」といった思惑で、日々の株価は動きます。「日本経済は世界一だから、日本の株価は高くて当然だ」というバブル期の人々の高揚感は、思惑の典型例でしょう。

噂や思惑は、永続しません。出たり消えたりします。そこで、長期的に見れば、株価はファンダメンタルズに沿った動きをします。しかし、短期的（バブル期は数年間でしたが）には噂や思惑でファンダメンタルズから乖離《かいり》します。従って、短期投資家は「皆が買いそうなときに、先回りして買う」ことが重要ですし、長期投資家は「ファンダメンタルズから見て安すぎると思ったら買い、高すぎると思ったら売る」、という投資姿勢が重要となるわけですね。言うは易《やす》く、行うは難《かた》し、ですが。

360円だったドルが120円になっても大丈夫な理由

戦後、1ドル360円でもドル不足に苦しんでいた日本経済が、今は1ドル120円でも巨額の経常収支黒字を稼いでいます。戦争直後はモノが絶対的に不足していたので、外貨不足だったのは当然ですが、高度成長期の前半になっても苦しかったのは、当時の為替レートでは輸出が難しかったからです。1ドル360円は、日本にとって厳しいレートだったのです。

しかし、その後の日本は、生産性が急激に向上します。手で縫《ぬ》っていたシャツをミシンで縫うようになり、大規模な機械を使うようになると、労働者1人が縫うシャツの量が急増するため、給料が上がってもシャツを値上げする必要がなかったのです。一方で、米国は昔から立派な機械でシャツを縫っていたので、労働者1人あたりのシャツ生産量が増えず、労働者の賃金が上昇するたびにシャツが値上がりしていきました。そうなると、時間の経過とともに米国人が日本のシャツを買うようになり、日本の輸出が増えたのです。

固定相場制の時代には、「輸出が増えて、外貨繰りが楽になった」だけでしたが、変動相場制になると、それだけでは済みません。米国の物価が上がり、日本の物価が安定していると、米国人が日本製品を買うようになります。そうなると、輸出企業が米国から大量のドルを持ち帰って銀行で売りますから、大量のドル売り注文によってドルが安くなっていきます。つまり、変動相場制が採用されることによって、物価上昇率が異なるぶんだけ自動的にドルが安くなっていく力が働くわけです。

以上が基本ですが、日本製品の品質の向上も長期的な円高ドル安の一因となっています。1985年にはプラザ合意があり、その後3年間でドルが約半値になりました。米国人から見て日本製品が2倍に値上がりしたわけです。高度成長期の日本製品は、価格の安さを武器に輸出を伸ばしていましたので、それを覚えている人々は日本の輸出の壊滅的減少を予想しましたが、そうはなりませんでした。最大の理由は、日本製品の品質が向上し、「日本製品は品質が良いから、高くても買いたい」という外国人が多かったことです。

その後も、1995年までは行ったり来たりしながらも、大きな流れとしては、円高方向でした。しかし、1995年を境に円高の大きな流れは止まっています。貿易収支（厳密には経常収支）の黒字はその後も基本的に続いていたので、輸出企業が持ち帰ったドルを売ることで円高になってても不思議ではなかったのですが、対外投資のためにドルを買う人が増えたのでしょう。

日米の金利差が大きい時は、米国債を買う投資家が増えますし、最近では日本企業が外国企業を買収するためにドルを買う例も増えているようです。

3 高度成長期

戦後10年ほどで戦前の経済規模を回復した日本経済は、1973年の石油ショックまでの間、高度成長期を謳歌《おうか》します。平均10%近い成長が続き、次々と新しい工場が建ち、人々の生活が目に見えて豊かになっていった時期です。

●需要と供給がバランスよく伸びたことが成長持続を可能に

経済が成長するためには、需要と供給がバランスよく伸びることが必要です。もちろん、両者が自然に同じスピードで伸びることは考えにくいので、財政金融政策で需要を調整するわけです。供給の伸びが鈍《にぶ》ければ、政府日銀が財政金融政策で需要を抑え込む必要があります。需要のほうが強いとインフレになってしまうからです。反対に、供給が順調に伸びても需要が弱ければ、財政金融政策で需要を刺激しますが、それでも供給に追いつかない場合には、不況になり失業が増えてしまいます。

しかし幸いにも、高度成長期には需要があり、供給力も急速に伸びたので、後は財政金融政策の舵《かじ》取りを誤《あやま》らなければ、自然と高度成長ができたのです。

需要は、ほぼ無限にありました。ようやく焼け野原から回復しただけでしたから、とにかく何でも欲しい、というのが当時の庶民の実感だったはずです。そこにきて、テレビ、冷蔵庫、電気洗濯機などが大量に生産され、売りに出されたわけです。

一方で、農家から都会に働きにきた若者や出稼ぎ労働者が給料をもらいましたから、それが消費に回ったことは当然でした。一部は倹約して貯金に回りましたが、それを企業が借りて工場建設資金（鉄やセメントや設備機械の購入代金等）にしたのです。政府も、税金で橋や道路を大量に造る必要がありました。

●供給力の伸びの背景には、農村からの労働力供給あり

供給も、順調に伸びました。米国の技術を導入し、新しい工場を造り、日本人の勤勉さで働いたので、生産が急激に伸びたのです。都市部は労働力不足でしたが、農村は労働力が余っていました。トラクターや農薬や化学肥料などにより、少ない労働力で農作業ができるようになる一方、戦後のベビーブーム期に生まれた若者（のちに団塊の世代と呼ばれる人々）が中学を卒業したから

【図1−3−1】高度成長期の大都市圏への人口流入

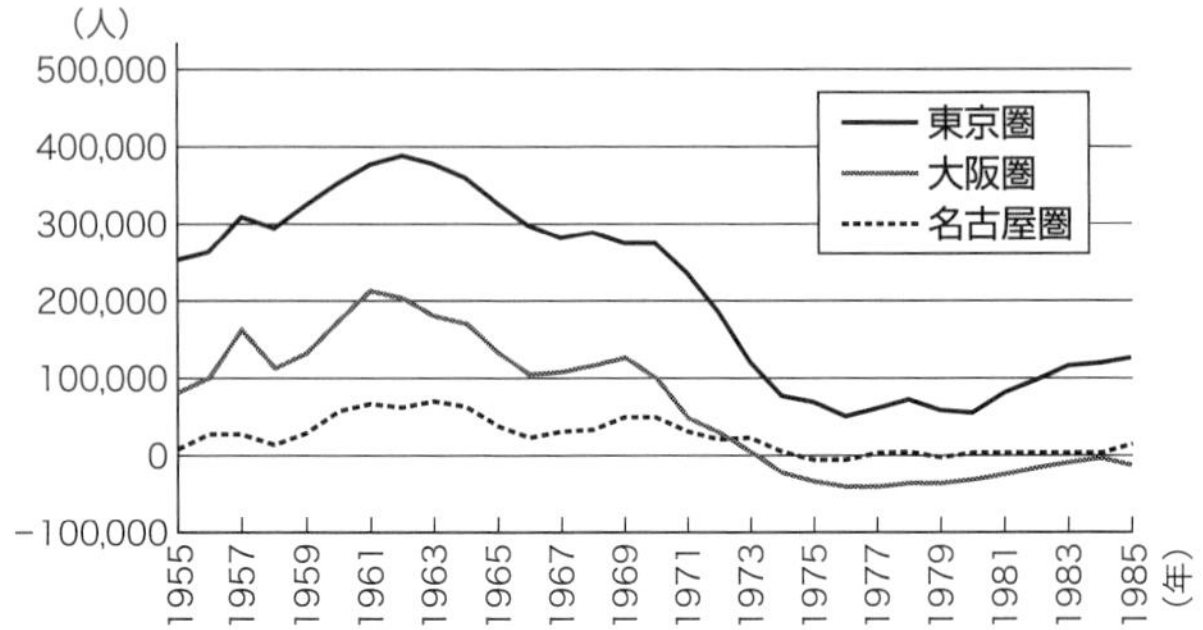

(出所)総務省統計局

です。

そこで、若者たちは「集団就職列車」で都会に来て、就職しました。彼らは、都会の労働力不足を緩和する存在として「金の卵」と呼ばれたのです。農業を続けている人々も、農閑期に都会に出稼ぎにきました。彼らの労働力によって、高度成長が可能となったのです。

●安くて優秀な労働力で輸出製品を作り、資源等を輸入

戦後復興期から高度成長期の前半まで、日本経済は外貨不足に苦しみました。資源など、輸入しなければならないモノは多いのですが、輸入代金を支払うための外貨は、輸出することによってしか稼げません。しかし、日本は焼け野原で、外国人が買ってくれそうなモノを作るのは大変です。

そこで政府は、輸出産業の育成に尽力しました。当時、

日本人の賃金は、欧米と比べて安かったので、勤勉で優秀な労働者が安い賃金で労働集約型の製品を大量に作り、先進国に輸出したのです。先進国にとっては、「労働集約型製品は、賃金の安い日本人に作らせ、自分たちは技術集約的な製品に特化しよう」という「国際分業」の発想ですね。今の途上国が賃金の安さを武器に日本に繊維製品などを輸出していますが、当時の日本は、今の途上国の立場にあったわけです。

政府は、輸出産業育成に尽力する一方で、「外貨は、日本で作れないモノを輸入するために使え。日本で作れるモノは輸入してはいけない。日本で作れ」という政策を採《と》りました。これにより、日本国内で、「作れるモノは全部作る体制」ができました。「国際分業」をしたくても、外貨が足りなかったので諦《あきら》めたわけです。

高度成長期には立派な工場が次々と建ち、輸出産業が順調に育ち、輸出も伸びたため、外貨不足は高度成長期の中頃で解消しました。時間がかかったのは、高度成長により資源などの輸入も急激に増加したためです。

後日談ですが、日本経済が積極的に国際分業を始めるのは、プラザ合意後の円高時（80年代後半）になります。外貨不足が解消してから20年以上経っていました。一度作られた体制が変化するのは、なかなか大変なことなのですね。

●高度成長期の後半には、労働力不足が深刻で賃金と物価が上昇

高度成長期の後半には、労働力不足が深刻でした。中学や高校を卒業した「金の卵」たちが次々と都会に出てきましたが、それ以上に次々と工場が建ったため、大量の労働力が必要だったのです。その結果、賃金が急速に上昇し、労働者の生活は急速に改善していきました。「労働力不足」というと悪いことのようですが、労働者にとっては素晴らしいことなのです。

もちろん、企業のほうも、「高い賃金を払っても雇いたい」と思っていたわけですが、その理由は企業によって、産業によって異なっていました。

多くの製造業は、機械化により労働生産性が上がっていきました。1人の労働者が作れるモノの量が増えていったのです。従って、「新しい工場を造れば、労働者に高い給料を払っても十分儲かるので、新しく労働者を雇いたい」ということでした。

一方、非製造業には、労働生産性が上がらない企業が多数あります。たとえば美容院は、1人の従業員が対応できる客数が決まっています。しかし当時は、客の所得が急激に増えていましたから、客に値上げをして従業員に高い給料を払い、労働力不足の中で労働力を確保したのです。

こうして、製造業は生産性が向上するので賃上げをする、非製造業は賃上げ分を値上げで回収する、という構造ができあがったのです。イメージとしては、庶民の給料が毎年10%上がり、物

価が5％上がり、差し引きして生活が5％豊かになった、といったところでしょうか。

●高度成長期は、石油ショックが来なくても終わる運命だった

高度成長期は、石油ショックによって終わりました。しかし、石油ショックが来なくても、早晩《そうばん》終わる運命だったのです。

農村から都市への人口移動は、無限に増え続けることはできません。手作業からミシン、ミシンから全自動洋服製造機への設備投資は、1人あたりの洋服生産量（「労働生産性」と呼びます）を劇的に増加させますが、日本中の洋服製造業者に全自動洋服製造機が導入されてしまえば、それ以降の労働生産性はそれほど伸びません。

人々がモノよりサービスを欲しがるようになったことも影響しています。洋服製造の生産性は比較的容易に上がりますが、美容院の生産性は上げにくいので、人々が豊かになってある程度の洋服を持つようになり、「洋服を買うより美容院に行く」客が増えると、経済成長率は下がるのです。

高成長を続けてきた中国の成長率が、最近少しずつ低下してきています。まさに、日本の高度成長期の終盤と同じ状況です。日本の場合、石油ショックで一気に終わりましたが、中国の場合、徐々に安定成長期に移行している、という違いがあるだけです。

今も残っている高度成長期の影響

高度成長期は、50年も前の話ですが、さまざまな影響が現在に残っています。最大のものは、当然ですが、日本が先進国で、我々が豊かな生活を享受《きょうじゅ》している、ということです。その後の経済成長率が低かったので、「日本経済はダメだ」と言われ続けてきましたが、今でも水準としては十分高いものなのです。

農村から都会への人口大移動が起きたことの影響も大きかったですね。これにより、過密と過疎の問題が生じました。都心近くに家が買えず、満員電車で長時間通勤するサラリーマンと、一方で若者が流出して過疎地となった地域が、どちらも問題となったわけです。

この問題は、最近に至ってさらに困難な問題を引き起こすようになりました。農村の高齢化です。高度成長期には、「金の卵」の親たちも若くて元気でしたが、彼らが高齢化した現在、農業の後継者がいないのです。そればかりではなく、若者のいない農村は、高齢者が亡くなるたびに人口が減少していき、村の機能が維持できなくなっています。診療所も採算がとれずに撤退し、残された高齢者が医療を受けられない、といった問題も生じているのです。

若者が大都市に吸い寄せられてくる状況は、最近でも続いています。「大都市にしか仕事がないから」だと言われていますが、若者が大都市に集まると、楽しいことも大都市に集まってくるので、いっそう若者の大都市集中が進むのでしょう。これは筆者の思い込みかもしれませんが、東京のように住宅事情が悪くて子育てをしにくい街に若者が集まってくるということが、少子化の一因になっているようにも思えてなりません。

ちなみに、盆休みと暮れに、大規模な「帰省ラッシュ」が発生するのは、人口大移動の名残《なごり》なのです。もっとも、かつての「金の卵」の親たちは、すでに亡くなった人も多いでしょうから、かつての「金の卵」たちは、帰省せずに行楽に行くという人も増えているでしょう。帰省ラッシュより、行楽ラッシュが深刻化するのも時代の流れかもしれませんね(笑)。

人口の大移動は、日本の文化にも影響を与えたと思います。農村から都会に出てきた若者が都会で結婚し、核家族を構成しました。農村の「義理やしがらみ」から自由な、しかしある意味孤独な都市住民の増加です。

最近話題になっているのが、高度成長期に大量に造られたインフラの老朽化です。全国一斉に大量に造られた道路や橋が、一斉に耐用年数を迎えつつあるのです。少子高齢化で労働力不足が深刻化していくタイミングで、これから大規模な補修工事を行なっていかなければならないのは、結構辛《つら》いかもしれませんね。

4 バブルの時代

バブルの時代、国全体を包む高揚感の中で、地価と株価が高騰しました。「買った人が強欲《ごうよく》なバカだった」のではなく、「日本経済は世界一で21世紀は日本の時代だ」という時代の雰囲気が超高値を正当化していたのです。

●バブルには2種類ある。最近はすべてユーフォリア

バブルというと、その昔オランダでチューリップの球根が現在の貨幣価値で数千万円にも値上がりした、といった事例が思い出されます。「今の値段は高すぎると誰もが知っているが、明日は今日より値上がりするだろうと皆が考えているので、買い注文が殺到し、実際に値上がりが続く」というものですね。経済学では「合理的バブル」と呼ばれています。

しかし、現在の先進国では、こうしたバブルにお目にかかることは滅多《めった》にありません。誰もがバブルだとわかっていれば、政府や中央銀行（日本では日銀）がバブルを潰すからです。現在の

【図1−4−1】バブル期の地価の推移

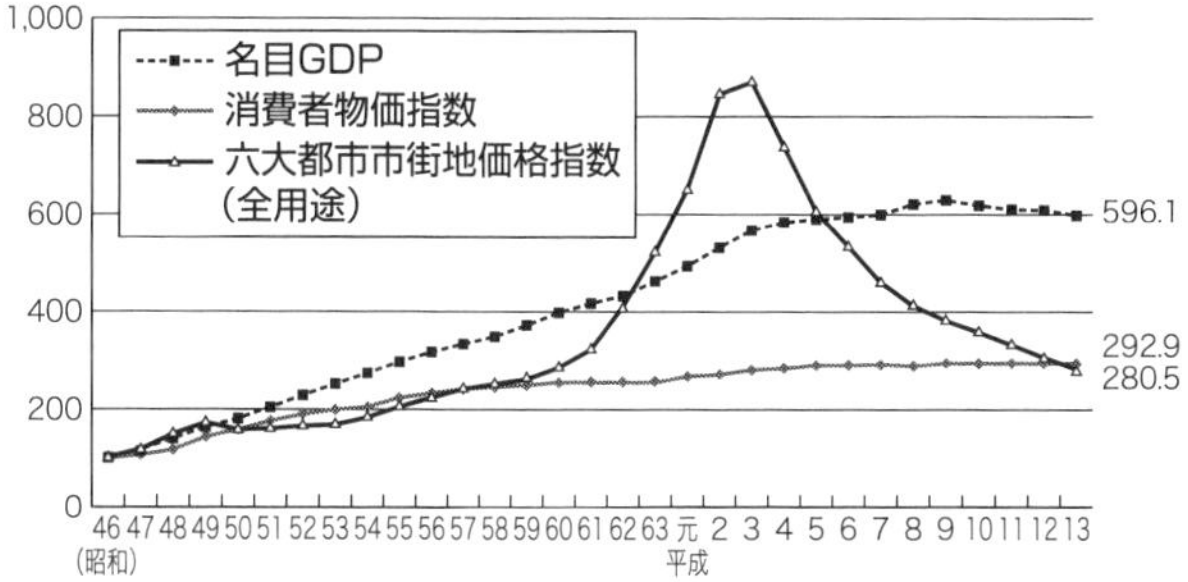

（注）昭和46年の水準を100として各年の数値を指数化したもの。

（出所）平成14年版 土地白書

先進国で頻発《ひんぱつ》しているバブルは、「ユーフォリア（熱狂、陶《とう》酔《すい》）」なのです。筆者はこれを、「惚れ込み型バブル」と呼んでいます。「日本経済は世界一だ。21世紀は日本の時代だ」と人々が考えていたので、株価や地価の上昇を不思議だと思わなかったのです。

●「強欲な愚か者がバブルに踊っていた」わけではない

今の私たちは、日本経済が世界一でないこと、21世紀が日本の時代ではないことを知っていますから、当時の地価や株価が高すぎたと考えるのでしょうが、仮に知らなかったら、それほど不自然だと思わないかもしれません。

つまり、当時の人々は、ファンダメンタルズ（株価や地価などを考える際に参考にする経済の状況）から乖離《かいり》した価格で取引をしているとは思っていなかったのです。問題は、彼らがファンダメンタルズを見誤っていたことなのです。

実際、当時の日本経済を動かしていたような賢い人たちの中にも、自宅を購入した人が大勢いました。彼らも、バブルだとは思っていなかったのです。バブルだと思えば、自宅を買うはずがありません。バブルが崩壊するまで待ってから、ゆっくり買えば良いからです。

●バブルの遠因はプラザ合意後の円高

1985年のプラザ合意を受けて、急激な円高が進みましたが、円高でも輸出が減らず、「日本製品は高品質だから、高価格でも買いたい」と世界中に言われたことが日本人の自信を深め、「日本経済は世界一だ」といったユーフォリアを生みました。

また、円高を受けて大幅な金融緩和が行なわれました。これも、プラザ合意がバブルの遠因であった一つの経路となりました。大幅な円高になったため、輸出産業への打撃が景気を悪化させると考えた日銀は、金融を緩和しました。その後、予想に反して景気は回復・拡大しましたが、金融は緩和されたままでした。輸入品が安く買えるようになり、インフレにならなかったので、金融を引き締める必要がなかったからです。

金融が緩和されていれば、借金をして不動産を購入することが容易になります。安い金利で借りられますし、銀行も積極的に融資してくれるからです。とくに、当時は銀行の積極的な融資姿勢がバブル拡大に「貢献」したと言われているので、この点は重要でしょう。

●バブル期の景気は絶好調

「日本経済は世界一で、21世紀は日本の時代だ」と皆が思えば、景気は絶好調になるでしょう。企業は設備投資に注力しますし、家計は増えていく将来の給料を夢見ながら、住宅を建てたり高級耐久消費財を購入したりするはずです。

株価が値上がれば、売って儲けた人が贅沢をするのはもちろん、売っていない人も贅沢をします。筆者自身、入社時に銀行から180万円借りて自社株を買いましたが、それがバブル期には1800万円に値上がりしたのです。若かった筆者は「自分は大金持ちだ。老後の心配は不要だから、給料は全額使って贅沢をしよう」と考えたのです。同じことを考えた同僚も大勢いました。

後日談ですが、バブル崩壊後の金融危機で金融株は暴落し、筆者の株は一時18万円まで値下がりしました。今でも60万円あたりで低迷しています(笑)。

●バブルに踊らされないための4条件

上記のように、賢い人でさえもバブルだと気づかない間にバブルが拡大したわけですから、今後もバブルは繰り返す可能性があり、筆者も読者もバブルだと気づかずに買ってしまうリスクがあります。その時に買わずに済むために、筆者は自分なりの4条件を考えていて、それが満たされたときには慎重になることを決めています。読者のご参考までに、披露しておきます。

❶こんな高値はバブルかもしれない、と心配する人が登場し、それを打ち消すように「大丈夫だ」と正当化する説明がなされます。「日本経済は世界一なのだから、株価が高いのは当然だ。今までが低すぎたのだ」といった具合です。ちなみに米国ＩＴバブル時は「ＩＴはインフレなき成長を可能にする夢の技術だ」と言われ、米国の住宅バブル（リーマン・ショックの源）の時は「米国は移民流入が多いから住宅需要は大きい」と言われました。そして、いつでも共通するのが「今度だけは、今までと違う」という表現です（笑）。

❷景気が好調なのに、インフレにならないため、金融が緩和されたままです。バブルの多くは、景気が良くなってインフレになって金融が引き締められて潰れていくでしょうから、私たちが被害を受けることは普通は考えにくいです。しかし、何らかの事情で金融緩和が続いてしまうと、バブルが私たちの気づかない間に拡大し、私たちに損害を与えかねないのです。

日本のバブルの時は、プラザ合意以降の円高で物価が安定していました。米国ＩＴバブルの時は、ITのおかげでインフレなき好況・成長が続いていました。米国住宅バブルの時は、住宅関連だけが異様に盛り上がる一方、一般の財の取引は落ち着いており、物価も落ち着いていました。

❸今まで投資にまったく興味を示さなかった人々が、急に投資を始めるようになったら、要注意です。経済に興味のない専業主婦が、井戸端会議で隣の奥さんの話を聞いて、「隣の奥さんでも株で儲けられたらしい。株って簡単なのね。私も買ってみよう」と言い始めたら、ご主人は持っている株をすぐに全部売りましょう(笑)。

❹国内と外国に温度差があったら、国内だけが「酔っている」のかもしれません。日本のバブルの時、海外では「日本はバブルではないか」という声が国内より強かったようです。逆に、米国のバブルの時には、日本国内に米国バブル論が結構強かったですね。ITバブル時、調査部所属だった筆者は、米国に出張した人が皆「熱病」に罹患《りかん》して帰国するのを見て、苦々《にがにが》しく思ったものです。

「足で稼ぐ調査というではないか。君も出張して、現地の人の話を聞けば、いかにIT革命が素晴らしくて今がバブルでないか、よくわかるよ」と上司に言われました。筆者は「熱病に罹患したくないので、出張は行きません」と思いつつも、そこはサラリーマンですから日常業務の多忙を理由に断りました(笑)。

なぜ、銀行はバブル期に融資を積極化してしまうのか?

「バブルか否か、わからない。バブルである確率が10%、バブルでない確率が90%である。今がバブルだとすると、10億円の土地が5億円に値下がるだろう。今がバブルでないとすると、10億円の土地が15億円に値上がるだろう」と人々が思っていたとします。バブルは続くでしょうか。

投資家は、土地を買うでしょう。期待値は大幅なプラスだからです。政府日銀はどうでしょうか。確率1割でバブルなら、早いうちにバブルを潰しておきたいと考えるでしょうが、それは容易なことではありません。バブルの時は人々が皆ハッピーなので、政府日銀がバブルを潰そうとすると、「バブルだという証拠を示せ」と言われてしまうのです。もちろん、そんなことはできませんから、何もせずに推移を見守ることになるのです。

では、銀行はどうでしょうか。「土地を買いたいから10億円貸してほしい」と言われたときに、貸すでしょうか? 仮に、銀行が貸したとしましょう。運悪く1割の確率が該当し、現状がバブルだったとします。銀行は融資した10億円のうち5億円しか回収できず、5億円の損失を被《こうむ》ることになります。一方、9割の確率が該当し、バブルではなかったとします。銀行は、10億円の融資に対する金利（利率1%として1000万円）を受け取ります。

これは、どう見ても割の合わない商売です。バブルでなかった場合には、借り手が5億円の利益を稼ぐ一方で、バブルであったら銀行が5億円を損するのです。これでは、いくら「バブルである確率がわずか1割だから」と言っても、貸すわけにはいきませんね。

バブル期には、住宅ローンを借りて自宅を購入した銀行員が大勢いました。おそらく彼らは「現在がバブルである確率は1割だろうから、借金して自宅を買うべきだ」と判断したのでしょう。それは合理的な判断ですが、その人が職場で貸出をしていたとすれば、それは問題でしょう。

バブル期には、銀行が融資に積極的になる場合が多いのですが、これは不思議なことであり、また残念なことでもあります。銀行が積極的にさえならなければ、現金で土地が買える人は多くありませんから、あれほどバブルが大きく膨《ふく》らむことは考え難いからです。

今、貸家建設がバブルかもしれないと言われています。それなのに、なぜ銀行があれほど積極的に融資を行なっているのかは諸説ありますが、もしかすると「前回のバブル期に積極的に融資を行なった人々が人事上の咎《とが》めを受けずに出世していったから」なのかもしれませんね。そんなことはないと信じたいですが(笑)。

いずれにしても次回「バブルかもしれない」事態が発生したときには、銀行が慎重に行動することを期待しています。

5 長期低迷期

バブルが崩壊してから20年以上、経済は低迷したままでした。バブルの後遺症が10年ほど続き、その後、何度か景気が回復する兆《きざ》しがあったものの、海外要因で輸出が減り、日本経済が再び不況に陥《おちい》る、ということが繰り返されたのです。アベノミクスにより景気が回復し、このまま行けば30年ぶりの低迷脱出か、といった状況に差しかかっているところですので、このままリーマン・ショックのようなことが起きないことを祈りましょう。

●バブル崩壊直後は、バブル期の反動減による落ち込み

バブル期には、投資が盛り上がりましたから、バブルが崩壊したときには、すべての企業が立派な工場を持っていました。もはや、工場を建てたい企業は残っていなかったのです。そこに景気が悪化したため、真新しい工場が稼働しない、といった事態も頻発《ひんぱつ》しました。そんな中で、新しく工場を建てる会社があるはずはありません。鉄とセメントと設備機械の売上は激減しました。

耐久消費財も同様です。21世紀に向けて増え続ける給料を夢見て、多くのサラリーマンが立派な車や家具を買ったため、バブルが崩壊した時点では、新たに車や家具を買うサラリーマンが残っていなかったのです。そこで、車や家具などの売上が激減しました。

このように、需要がバブルで「先喰《さきぐ》い」されていたので、需要が落ち込んだわけですが、工場や耐久消費財の過剰は短時間では解消しないので、影響はしばらく続きました。加えて、バブル期の企業は、将来の業容拡大を前提に大量の採用を行なったため、バブルが崩壊すると、若手社員が余りました。そこで、採用活動を行なわない企業が急増したのです。これでは、就職活動に臨む学生は悲劇です。「就職氷河期」などと呼ばれたものでした。

当時の就活生の中には、就職できずに非正規労働者として生計を立て、そのまま現在に至っている人も少なくありません。日本企業は新卒採用が原則なので、一度非正規労働者になってしまうと、正社員になるのが難しいのです。そこで彼らは、懸命に働いてもまともな暮らしができず、「ワーキング・プア」と呼ばれています。まさにバブルの被害者ですね。

多くの企業は、巨額の借金も抱えていました。稼働していない工場を建てる資金、今や暴落して売るに売れない土地を購入した資金、などです。借金が返せずに倒産した企業もありましたが、銀行が比較的寛大に返済を猶予してくれたこともあり、倒産は免《まぬか》れて、その後長期にわたって借金返済に奔走《ほんそう》し続けた企業も多かったようです。

●90年代後半は、不良債権問題が景気に悪影響

銀行は、バブル期に巨額の土地購入資金を貸したため、土地の値下がりで返済できなくなった借り手が多く名乗り出て、巨額の「不良債権」を抱えることになりました。

当時は銀行の決算の基準が甘かったこともあり、バブル崩壊の当初は赤字に陥った銀行は多くありませんでしたが、地価が下がり続けたことなどから、さすがの銀行も時が経つと赤字に転落するところが増えてきました。バブルが東京の土地を中心に発生していたため、大手銀行のほうが地方銀行よりも打撃が大きく、巨額の赤字を計上したのも大手のほうが多かったようです。

銀行が赤字になると、銀行の自己資本（バランスシートの右下部分。「純資産」とも呼ぶ）が減ります。銀行には、自己資本比率規制という規制がかかっています。詳しい説明は省《はぶ》きますが、とりあえず「銀行は自己資本の12・5倍までしか貸出をしてはならない」ということだと思っていてください。

すると、自己資本が減った銀行は、増資をするか「貸し渋り」をするか、どちらかが必要になります。しかし、増資は容易ではありませんでした。当時の銀行の増資を引き受けてくれる投資

【図1―5―1】金融機関の破綻件数

年度	1991～1994	1995	1996	1997	1998	1999
銀行	1	2	1	3	5	5
信用金庫	2	0	0	0	0	10
信用組合	5	4	4	14	25	29
計	8	6	5	17	30	44
年度	2000	2001	2002	2003	2004	2005
銀行	0	2	0	1	0	0
信用金庫	2	13	0	0	0	0
信用組合	12	41	0	0	0	0
計	14	56	0	1	0	0

家は少なかったのです。90年代後半になると、銀行が深刻な問題を抱えていることが明らかになり、「現在の銀行の決算が悪くなくても、今後数年間で銀行の決算が大幅に悪化する可能性が大きい」と投資家たちが思っていたからです。

そこで銀行は、貸し渋りを行なうようになりました。通常の銀行借り入れは、短期間の借り入れを何度も繰り返すかたちで行なわれます。借り手の状況が悪化したときに、銀行が「次は貸さない」と言うためです。

しかしこの時は、借り手の状況が悪化していないのに、銀行が「次は貸さない」と言い始めたのです。自己資本が減った金額の12・5倍だけ、貸出残高を減らさなければならないからです。

これにより、何の問題もない借り手が突然、銀行から融資の返済を求められ（法律的には借り換えに応じないだけですが、事実上は融資返済の強要です）、倒産したケースも少なくありませんでした。これが景気に悪影響を与えたわけです。

１９９７年から98年にかけては、大手金融機関があいついで倒産する「金融危機」が発生しました。政府日銀は、大手銀行の増資を引き受ける（大手銀行に出資する）など、異例の措置《そち》でこの危機を何とか乗り越えましたが、その間の日本経済は深刻な不況に陥り、危機が去った後も深刻な傷跡が数多く残りました。

●小泉構造改革は需要より供給面の強化に注目

バブル崩壊後、10年も経済が低迷している本当の原因は何か、ということで、日本経済は何か根本的な構造問題を抱えているのだろう、と考える人が増えてきました。何を構造問題と呼ぶかは人によって異なりましたが、なぜか「日本経済は構造問題があるからダメなんだ」という点で人々の意見が一致した、といった笑えないことも起きていたわけです。

そんな時、「構造改革」をスローガンとした小泉内閣が登場しました。小泉内閣は、日本経済の供給サイドの強化が必要だと主張し、さまざまな政策を打ち出しました。その最大の柱が、銀行の不良債権処理でした。銀行が不良債権をいつまでも抱えていると経済が元気にならないから、銀行に不良債権を処理させよう、としたのです。

これは、筆者らには、到底理解できないことでした。「銀行が不良債権を処理すると経済が元気になる」という理屈がわからなかったのです。

筆者らは、「借金の返せない借り手を清算したら、失業が増えて景気が悪化してしまう」という需要サイドを考えていましたが、小泉内閣は主流派経済学に従っていたので、「需要不足による失業の問題は気にする必要はない。神の見えざる手がいつか解決してくれるだろう」と考えていたので、議論がかみ合いませんでした。

また、おそらく小泉内閣の本音は「借金も返せないような非効率な企業は清算したほうが日本経済のためだ」ということであったようです。これも「失業者が大勢いる時点では、非効率な企業でも雇用を守っているだけ存在意義はある」と考える筆者たちとは、大きく意見を異にするものでした。

そこで、筆者らは、小泉構造改革で日本経済は壊滅してしまうのではないか、といった危機感を持っていたのですが、幸い、そうはなりませんでした。海外の景気が好調で、日本の輸出が順調に伸びたからです。これには本当に胸をなでおろしました。

長期不振の原因は「内需の弱さ」

バブル崩壊後に「反動減」が来たこと、その後に金融危機が来たことは、通常のバブルの後遺症でしたから、「仕方のないこと」でしたが、その後も経済は長期にわたって低迷を続けました。

その理由は、「バブル崩壊後の日本経済は、国内の民間部門の需要が弱いので、輸出や公共投資が減ると、すぐに景気が後退してしまう」ことにあります。ようやく回復しかけた日本の景気が米国のITバブル崩壊、リーマン・ショックの影響で腰折れしてしまい、そのたびにどん底から出直すため、長期にわたり不振が続いた、というわけです。

なぜ、日本は内需が弱いのか、さまざまな見方がありますが、筆者は少数説で「日本人が勤勉に働いて大量にモノを作る一方で、倹約するからモノが売れ残って不況になる」と考えています。

勤勉に働くことも、倹約することも、良いことです。江戸時代には、勤勉と倹約が生命維持に必要でしたし、その後は日本人の勤勉と倹約が日本経済の発展に寄与しました。大量にモノを作り、倹約するからこそ、工場建設のための資材を余すことができたからです。

しかし、バブルが崩壊して工場建設の必要が減ると、従来ならば工場建設に使われるはずだった資材が余ることになります。余った資材は輸出すれば良いのでしょうが、輸出が増えると輸出企業が持ち帰ったドルを銀行に売りに行くため、ドル安円高になり、輸出は無限に増やすことができません。資材が余ると、企業は生産を絞るため、失業が増えます。失業が増えると失業者が消費をしないので、景気はいっそう悪くなります。

このように、もともと内需が弱いので、財政で需要を作り出す必要があるのです。「財政赤字を減らすため、高齢者向けの年金支給額を減らすべきだ」「財政赤字を減らすため、増税すべきだ」といった意見があっても、「そんなことをしたら景気がさらに悪化してしまう。緊縮財政より、景気刺激策で公共投資を増やさなければ」ということになるので、財政赤字が拡大するのです。

「合成の誤謬《ごびゅう》」という言葉があります。皆が正しいことをすると、皆がヒドい目に遭う、という意味です。「劇場火災の際、皆が出口に向かって走る」「銀行が倒産するとの噂を聞いて、皆が預金引き出しに殺到する（銀行の取り付け騒ぎ）」などが典型的ですが、「皆が豊かになろうと思って勤勉に働き、倹約に努めると、景気が悪化して皆が貧しくなる」というのも、同じことだと筆者は考えているわけです。

日本人がもともと倹約家であったことに加えて、バブル崩壊後は「贅沢や見栄は不要」と考える人が増えたとも言われています。「少子高齢化で日本経済の将来は暗い。自分の老後は年金がもらえない」と考えて倹約する人が増えたということもあるようです。

6 リーマン・ショック

米国でリーマン・ブラザースが破産したことから米国の金融が麻痺《まひ》し、米国経済と世界経済が大混乱に陥り、日本経済も深刻な不況となりました。「金融は経済の血液」「米国が風邪をひくと日本が肺炎になる」を痛感させられた出来事でした。

●住宅バブル崩壊でリーマン・ブラザーズが倒産

2000年に米国でITバブルが崩壊して景気が悪化すると、FRB（米国の中央銀行）は金融を緩和しました。金融緩和は住宅投資を刺激し、今度は住宅バブルが発生しました。バブル期に銀行が融資姿勢を緩めるのは世界共通のようで、住宅価格が上昇を続けることを前提に、米国の銀行は信用力の低い借り手にも融資をしました。これを「サブプライム・ローン」と呼びます。

米国の銀行は、住宅ローンを貸すと「証券化」という取引を行なうことがあります。取引内容は複雑ですが、ここでは「借り手が書いた借用証書を売却する」と理解しておいてください。サブプライム・ローンの借用証書を大量に買いあさったのが、大手証券会社のリーマン・ブラザーズでした。借り手の信用力が低いぶんだけ金利が高く設定されているので、大儲けを狙ったのです。

しかし、住宅バブルが崩壊したので、サブプライム・ローンの多くが焦げ付き、リーマン・ブラザーズは倒産しました。当時は他にも、多くの金融機関がサブプライム・ローンの借用証書を大量に抱えていましたが、具体的に誰がどれだけ抱えているのかは公表されていなかったので、金融機関は相互に疑心暗鬼になりました。ここから先の展開は、日本のバブル崩壊時と非常に似ています。金融機関相互の資金貸借が止まり、銀行が自己資本比率規制によって貸し渋りをし、政府が銀行の増資を引き受けようとして中小企業等の反対に遭う、という展開です。

●金融機関相互の資金貸借が止まり、貸し渋りが横行

各金融機関は、焦りました。「大手金融機関が倒産しそうになったら、政府が助けるだろう」と思っていたら、そうではなかったわけです。ということは、他にも倒産が続発する可能性があるわけです。「それなら、他の金融機関への貸出は回収しよう」という金融機関が続出しました。金融機関は、取引先に融資するときには慎重に審査をして高い金利を課しますが、金融機関同士ではそうではないので、リスクを冒《おか》してまで貸しておくインセンティブが乏しいのです。

そうなると、他の金融機関から借りていた銀行は困ります。顧客から融資を回収しなければなりません。期限前の回収は困難ですが、「期限には再び貸すことが暗黙《あんもく》の前提となっている貸出について、期限に回収したまま再度の貸出を行なわない」という「貸し渋り」を行なうわけです。

融資を回収された借り手は、別の銀行から借りようとしますが、容易ではありません。従来から取引のある銀行は、「返済期限だから返すけど、また貸して」「いいよ」で終わりですが、新しい銀行だと「御社の返済能力を慎重に調べるので、お待ちください」と言われます。加えて実際には、銀行の融資態度が既存顧客より新規顧客に対するほうが厳しい、ということもあるようです。

その間に材料の仕入れができず、従業員の給料が払えずに、倒産した借り手も多かったでしょうし、借金で買う予定だった自動車を諦めた消費者が多ければ、自動車の売れ行きが落ち込んだでしょう。こうした事態に際しては、米国の中央銀行FRBが各銀行に十分な融資を行ない、貸し渋りを解消すべく努めました。

●本当の問題は、銀行の自己資本比率規制による貸し渋り

金融機関相互の資金貸借が滞《とどこお》っても、FRBが融資すれば何とかなりますが、何ともならなかったのが、銀行の自己資本比率規制です。これも説明が長くなりますので、ここでは「銀行は自

己資本の12・5倍までしか融資してはならない」と考えてください。

そうなると、住宅ローン貸出が焦げ付いた銀行、不況で住宅ローン以外の融資が焦げ付いた銀行などが赤字に陥り、自己資本が減ったぶんの12・5倍だけ融資を回収（実際には貸し渋り）しなくてはいけません。

銀行が増資をすれば良いのですが、どこの銀行がどれだけサブプライム・ローンを保有しているかわからない投資家は、銀行の増資に応じるのは嫌がります。そこで、政府が銀行の増資を引き受けることにしたのです。そうすれば、銀行の自己資本が回復し、自己資本比率規制を気にする必要がなくなり、貸し渋りが止まるので中小企業が助かるだろう、という目算でした。

しかし、中小企業等から猛烈な反対が起こります。「銀行は、俺たちに貸し渋りをしたケシカラン存在だ。そんな銀行を助けるために、国民の血税を使うなんて、トンデモない！」というわけです。銀行に自己資本比率規制があるなどということを一般国民は知りませんから、反対したのも当然ですね。彼らを説得して増資を引き受けるまで、米国政府には大変な苦労があったのです。

●世界経済に深刻な打撃。日本の輸出も激減

米国は世界最大の輸入国ですから、米国の景気後退は世界の輸出を減らし、世界の景気に悪影

響を与えます。それだけではありません。米国の通貨である米ドルは、基軸通貨です。世界中の貿易や投資や融資などの多くは、米ドルで行なわれています。従って、米銀がドルの取引を縮小してしまうと、世界的に基軸通貨の貸し借りが滞ってしまうことになるのです。そこで、米国経済のみならず、世界中に影響が広がったのです。

とくに新興国では、米国からの投資や融資が引き上げられると経済が大混乱しかねません。巨額の自国通貨を米ドルに替える必要が出てくると、自国通貨の為替レートが暴落してしまう可能性もあるわけです。普通の米国の不況の時には金融危機は起こらないので、今回は珍しいケースだったと言えるでしょう。

さらに今回は、欧州の銀行も大量の「借用証書」を保有していたので、巨額の損失を計上した銀行が多数に上りました。そこで、欧州でも貸し渋りが発生して、景気が悪くなったのです。米国のバブルに欧州の銀行も一緒に踊っていた、というわけですね。幸い日本の銀行は、あまり痛手を被《こうむ》りませんでした。まことに不幸中の幸いでありました。

このように、世界経済が混乱し、不況に陥ったことで、日本の輸出は激減しました。それだけではありません。一つには、中国が米国に輸出しているモノには日本製の部品が組み込まれているので、米国の景気が悪化すると日本の対中部品輸出が減る、といったことがあります。今ひと

【図1−6−1】日本企業の経常利益額の推移（金融保険を除く全産業）

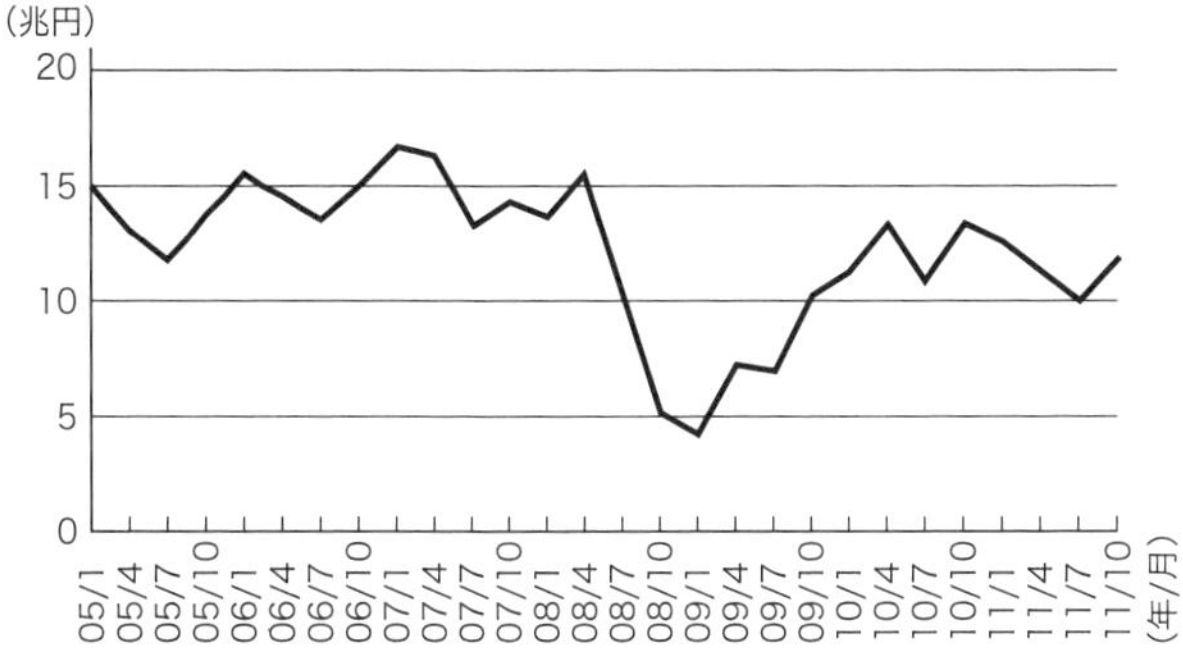

（出所）財務省 法人企業統計

つ、米国が景気後退にともなって金融緩和をすると、ドル安円高になりやすく、それが日本の対米輸出以外にも大きなマイナスに働くのです。このあたりは第3章6項で詳述します。

輸出激減により日本の景気は急激に悪化し、失業は増え、企業収益も大幅に悪化しました。このように、リーマン・ショックは、日本にとって巨大な災難でしたが、一つだけ、日本にとってプラスだったことがあります。

それは、欧米の金融機関が自己資本比率規制によって貸し渋りをしたため、日本の銀行が苦労せずに新規顧客を開拓できたことです。日本の銀行は、90年代の金融危機時に貸し渋りを行なった際、苦労して開拓してきた海外の取引先を欧米金融機関に奪われて（正確には、日本の銀行に貸し渋りされた海外の借り手が欧米銀行に融資を依頼し）、悔しい思いをしたわけですが、今回は立場が逆転したわけですね。

市場は暴走する場合があるので、要注意

「神の見えざる手」「市場メカニズム」は、経済学の基本です。需要が減れば価格が下がり、新たに需要と供給の新しい均衡《きんこう》が達成される、というわけですね。しかし、そうとは限らない場合もあるので、注意が必要です。「需要が減ると価格が下がり、いっそう需要が減って、供給が増えて価格が下がり続ける」というわけです。

まず、住宅バブルが崩壊して住宅の価格が下落すると、銀行が住宅ローンの貸出に慎重になります。そうなると、借金で家を買う人が減るので、家の売れ行きが落ち、家の値段はさらに下がります。加えて、以前から借りていた住宅ローンが返せない人が増えると、銀行は担保の住宅を取り上げて競売するわけですが、これは住宅の供給の増加になりますから、需要減と供給増の両面から住宅価格は下がり続けるわけです。

住宅ローンの焦げ付きで銀行が損をすると、銀行の自己資本が減り、自己資本比率規制の影響で住宅ローン以外の貸出も絞る（貸し渋り）ようになります。そうなると、景気が悪化していっそう銀行の焦げ付きが増え、自己資本がさらに減るという悪循環が生じます。最悪なのは、「あの銀行は危ない」という噂による取り付け騒ぎでしょう。

株の世界でも、さまざまな悪循環が生じます。「景気が悪化しそうだから、株を売っておこう」と考える投資家が株を売るので、株価が下がります。借金をして株を買っている投資家は、銀行から返済要請が来るので、泣く泣く株を売って返済するかもしれません。「これだけ値下がりしたのだから、絶好の買い増しのチャンスなのに」というわけです。

銀行が返済要請を出す理由の一つは銀行自身の貸し渋りですが、「どうせ返済を求めるなら、危なそうな借り手から」と考えたときに、「借金で株を買っていて、株価が暴落しているときの投資家」は真っ先に返済要請を受けることになるわけです。個人の「信用買い」に際しての「追加証拠金」も同じ効果を持つでしょう。

こうして売りが売りを呼ぶと、投機家は「先回りして売っておこう」と思うかもしれません。一般の投資家も「今の株価なら買いたいが、明日はさらに下がるだろうから、下がるまで待とう」と考えるかもしれません。株価が下がると売り注文が増える一方で買い注文が減り、ダブルパンチになりかねないのです。

「金融は経済の血液だ」という言葉があります。ふだんはとくに銀行の役割など意識しませんが、いざ貸し渋りが発生したりすると、経済全体が死んでしまう可能性もあるわけです。金融危機、恐るべしです。

7 ギリシャの財政危機

２０１０年、ギリシャの財政赤字が巨額に上ることが判明しました。ギリシャの財政危機がスペイン等にも飛び火し、ユーロ圏の崩壊を懸念する人もいました。ユーロというシステムの問題点が広く知られるようになったからです。

●ギリシャがユーロを使っていたから景気回復手段が限られた

２０１０年、リーマン・ショックから十分には立ち直っていなかった世界経済に、再び問題が起こりました。ギリシャ政府の財政赤字が巨額に上ることが判明したのです。結局、ギリシャは２０１２年には債務が返済不能になりました。本来であれば、ギリシャのような小国が財政破綻しても、世界経済の注目を受けることはないのですが、ギリシャの通貨がユーロであったことが問題を大きくしたのです。

ユーロというのは、ドイツ、フランス、ギリシャなどで使われている通貨です。日本は円、米国はドルを使っていますが、これらの国々（「ユーロ圏諸国」と呼ばれます）は、独自の通貨を持たず、共通の通貨を使っているのです。ユーロ圏諸国は陸の国境で往来もひんぱんなので、いちいち通貨を両替する必要がないのは、大変便利です。貿易取引に際しての為替リスクもありません。しかし、問題もあるのです。今回のギリシャがまさに、その問題に直面したわけです。

政府が借金を抱えて、返済できなくなりそうだというとき、普通の国なら何をするでしょうか？第一は増税ですが、大増税で景気が悪くなったらどうしますか？「景気が悪いから公共投資」というわけにはいかないので、金融緩和をしますね。あるいは、ドル買い介入をしてドル高にし、輸出が増えるようにします。最後は「増税をやめ、紙幣を印刷して借金を返す」ということも可能です。紙幣の印刷は猛烈なインフレを招く可能性が大きいので、禁じ手とされてはいますが。

しかし、ギリシャは他国と同じ通貨を使っているので、金融の緩和をするには他国の了解が必要です。ドル高に誘導する場合も同様です。そして、他国の了承は簡単に得られるものではありません。まして、紙幣の印刷などは論外です。

実際、ギリシャも他国の反対で、金融緩和もドル高誘導もできず、増税に反対するデモが激化し、結局は借金の返済を断念することになったのです。

●ギリシャがユーロ圏から離脱することを市場が恐れた

ギリシャ政府は、ユーロ圏を離脱し、ユーロを使い始める前の状態に戻る、という選択肢も検討したようです。通常ならば、小国が離脱してもユーロ圏全体の問題にはならないのですが、当時のユーロ圏では、スペインやイタリアなども財政状況が悪化し、政府が破産するかもしれないと噂されていました。そこで、仮にギリシャがユーロ圏を離脱すると、スペインやイタリアなどもあいついで離脱し、ユーロ圏が崩壊するかもしれない、と市場参加者が懸念したわけです。

国際政治の面でも、注目されました。ユーロ圏は、便利なシステムであるのみならず、欧州統合に向けた大きな一歩という位置付けなので、仮にユーロ圏が崩壊すると、欧州統合という高邁《こうまい》な理想が大きく遠のいてしまう、という受けとめ方をした人も多かったようです。

●結局、ギリシャはユーロ圏に残ることを選んだ

ギリシャは結局、ユーロ圏に残ることを選択しました。ユーロを使っている間は対外債務は自国通貨建てですが、独自の通貨を使い始めると、対外債務が外貨建てになります。巨額の外貨建て債務を負っている国は、返済負担が極めて重くなるのです。

ギリシャ政府は、対外債務を返済するために増税し、得た資金をユーロに替えます。最初のう

ちは順調に返済が進みますが、ギリシャ政府が巨額のユーロを買うことにより、「ユーロ高自国通貨安」が進みます。そうなると、次の返済は巨額の増税を行なっても少額のユーロしか返済できないことになります。こうして、返済が進むにつれて、次の返済が苦しくなっていくのです。

ユーロ高自国通貨安が進むと、輸入物価が高騰するので、輸入品を我慢せざるを得なくなります。輸入物価が高騰すると、インフレ抑制のために中央銀行が利上げをするため、国内の景気は悪化します。これにより、国民生活はいっそう苦しくなります。

このように、独自通貨を使っても、国民生活は苦しくなるのです。それなら、ユーロを使い続けて増税をするほうがマシだ、とギリシャ政府は考えたのでしょう。

●ギリシャの危機で、スペイン等の国債も下落

ギリシャ危機からの連想で、「次はスペイン等の政府かもしれない」という懸念から、スペイン国債等も売られました。投資家たちは、スペイン等の国債を持ちたくない、と考えたのです。そこで、スペイン政府等は高い金利を提示して国債を発行する必要が出てきました。

金融市場という所は、人々の噂や思惑で売り（買い）注文が増えると値下（上）がりするので、怖いです。スペイン政府等の実際の返済能力が変化したわけでもないのに、高い金利を払わされ

【図1−7−1】スペイン国債の利回り推移

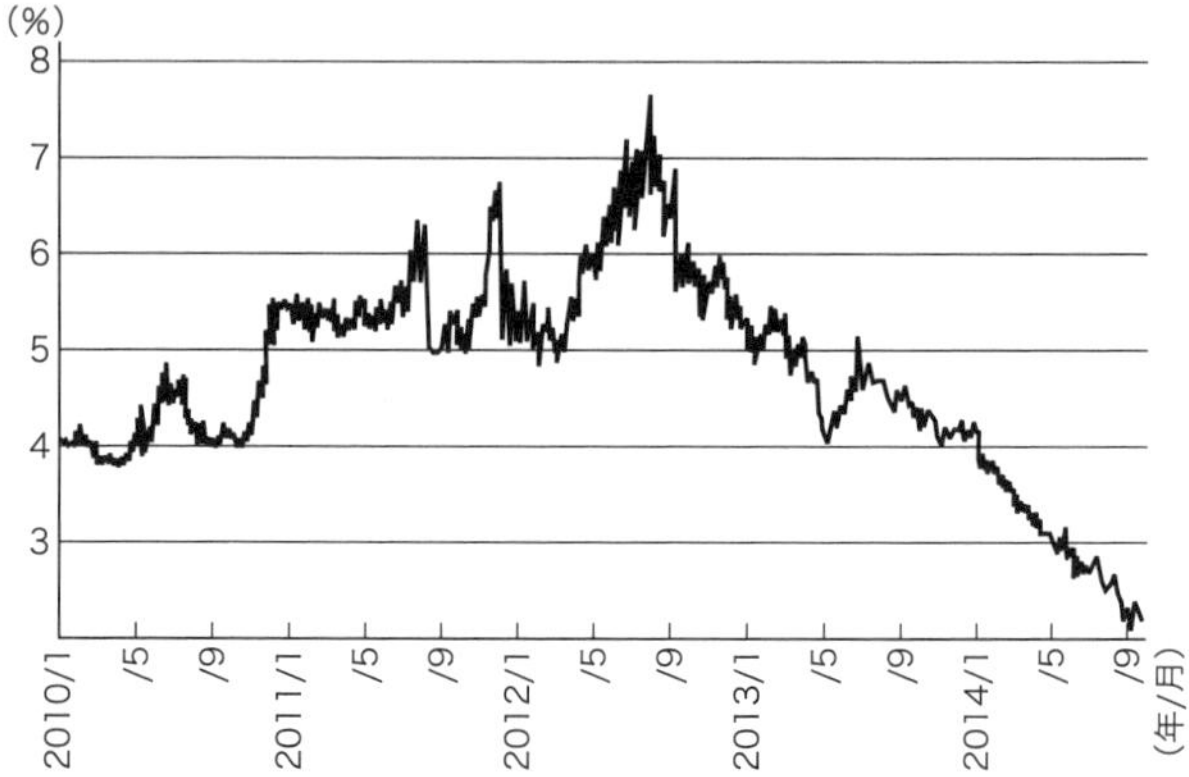

(出所)bloomberg

るようになったわけですから。

しかも、「スペイン政府等は、あんなに高い金利を払わされているのだから、破産の確率が前より高まったはずだ」と考えた投資家のさらなる売りで、さらに値下がりしたわけです。銀行の取り付け騒ぎ(皆が危ないと思うと皆が預金を引き出すので、本当にその銀行が危なくなる、という事件)と同じですね。

筆者は、スペイン政府等の破産可能性については何も知りませんが、おそらく問題なかったのでしょう。そう考える理由は、その後ECB(欧州中央銀行)がスペイン国債等を購入したことで利回りが低下し、危機前よりも低い利回りになったからです。本当にスペイン政府等の破産確率が高いのなら、ECBがスペイン国債等を購入しても、利回りはそこまで下がらないはずですから。

●他国に財政再建を急がせる契機に

スペイン等の「悲劇」を目《ま》の当たりにした欧州各国は、自国が同様の目に遭《あ》わないようにするため、財政再建を急ぐようになりました。その結果、欧州の景気が下押しされました。

また、欧州の銀行がギリシャやスペイン等の国債を大量に保有していたため、彼らの自己資本が減り、自己資本比率規制によって「貸し渋り」を行なわざるを得なかったことも影響しました。

もっとも、欧州景気悪化の日本経済への影響は大きくありませんでした。それは、日本と欧州の間の貿易量が多くないからです。日本と欧州は、距離的に遠く、歴史的にも近いわけではありません。加えて、得意とする産業が比較的似ているため、お互いに国際分業をするメリットが大きくないことも影響しているのでしょう。

また、米国の景気悪化の場合には、米国の金利が下がり、ドル安円高になり、日本の輸出に大きな悪影響が出るわけですが、欧州の景気悪化によってユーロ安が進んでも、日本の輸出にはそれほど大きな影響は出ない、ということもあります。

日本で消費税率が引き上げられた主因が「日本もギリシャのようになりかねないから、今のうちから財政再建に励もう」という機運が高まったことであったならば、影響は大きかったといえそうですが、おそらく主因ではなく、数ある要因の一つだったと思われます。

日本はギリシャと違うので、財政は破綻しないはず

日本政府の財政収支は、巨額の赤字を続けており、借金の残高も膨れ上がっています。日本と他国を比較するときにはGDP比を用いることになりますが、政府の財政収支も債務残高も、GDPで見ると日本のほうがギリシャよりも悪いのです。そこで、「日本政府もギリシャのように破産するのでは」と心配している人が多いようですが、筆者はそうは思いません。

まず、日本政府の借金は円建て（自国通貨建て）ですから、最後は日銀が紙幣を印刷して政府の借金を返済する、という手段があります。従って、文字通りの意味で日本政府が借金を返せないということはあり得ません。もっとも、これは超インフレを招きかねない危険な手段なので、以下では日銀の紙幣印刷は考えないことにしましょう。

今の日本政府は、増税をすると景気が悪化して失業が増えるので、増税を躊躇《ちゅうちょ》していますが、日本政府が破産する可能性が高まれば、「背に腹は代えられない」ので増税が行なわれるはずです。その結果、景気が悪化して失業が増えれば、金融緩和やドル高誘導による景気回復策が採られるでしょう。ギリシャが金融緩和やドル高誘導を行なうにはユーロ圏の他国の了承が必要でしたが、日本は単独で行動できるからです。ドル高誘導は貿易相手国の批判を受けるでしょうが、財政破

綻を避けるために「背に腹は代えられない」措置ですから、相手も納得してくれるはずです。

なお、今後も少子高齢化が続けば、労働力不足が深刻化していくでしょうから、そうなれば「増税をして景気が悪化しても、失業が増えない。むしろ増税をして景気を悪化させないと労働力不足が解決しない」という時代が来るかもしれません。そうなれば、「気楽に」増税できるようになりますから、財政赤字は容易に減らせるかもしれませんね。

日本政府が破産するかもしれないという噂が広まると、ドル高円安になるでしょう。政府が破産するような国の通貨は、誰も持ちたくないからです。そうなると、輸出が増えて景気が回復するのみならず、投資家が持っているドルが高く売れるので、投資家も儲かります。景気が良くなり、投資家が儲かれば、税収が増えて政府が潤《うるお》います。

日本政府自身も1兆ドルを上回る巨額の外貨準備（おそらく、多くは米ドル）を持っています。ドル高になると、これが高く売れるので、政府は利益が出るのです。

極端な場合には、本当に政府が破産しそうになれば人々は国債を投げ売りしますから、日本国債の価格は暴落します。同時に猛烈なドル高円安になっているはずです。そうなれば、日本政府は、外貨準備のドルを高値で売り、暴落した日本国債を買い戻すことで、かえって借金を一掃することができるかもしれません。皮肉なことですね。

8 アベノミクス

２０１２年末に発足した第二次安倍政権は、「三本の矢」と呼ばれる三つの基本政策を掲《かか》げました。大胆な金融政策、機動的な財政政策、民間投資を喚起《かんき》する成長戦略です。金融政策と財政政策は需要喚起策です。これにより景気は回復しており、このまま回復が続いてバブル崩壊後の長期低迷から抜け出せるかもしれません。成長戦略にはさまざまな項目がありますが、いずれも「供給力強化策」です。

●大胆な金融政策（緩和）でデフレ脱却を目指す

アベノミクス以前から金利はゼロでしたし、異例の大規模金融緩和も行なわれていました。しかし、安倍首相は、従来の金融緩和では不十分だとして、より大胆な金融緩和を打ち出したのです。そこで黒田日銀総裁は、消費者物価上昇率２％の目標を２年で実現するため、マネタリーベースを2年間で2倍にする政策に踏み切りました。巨額の国債を銀行から購入することで、日銀

【図1−8−1】為替レートと株価の推移

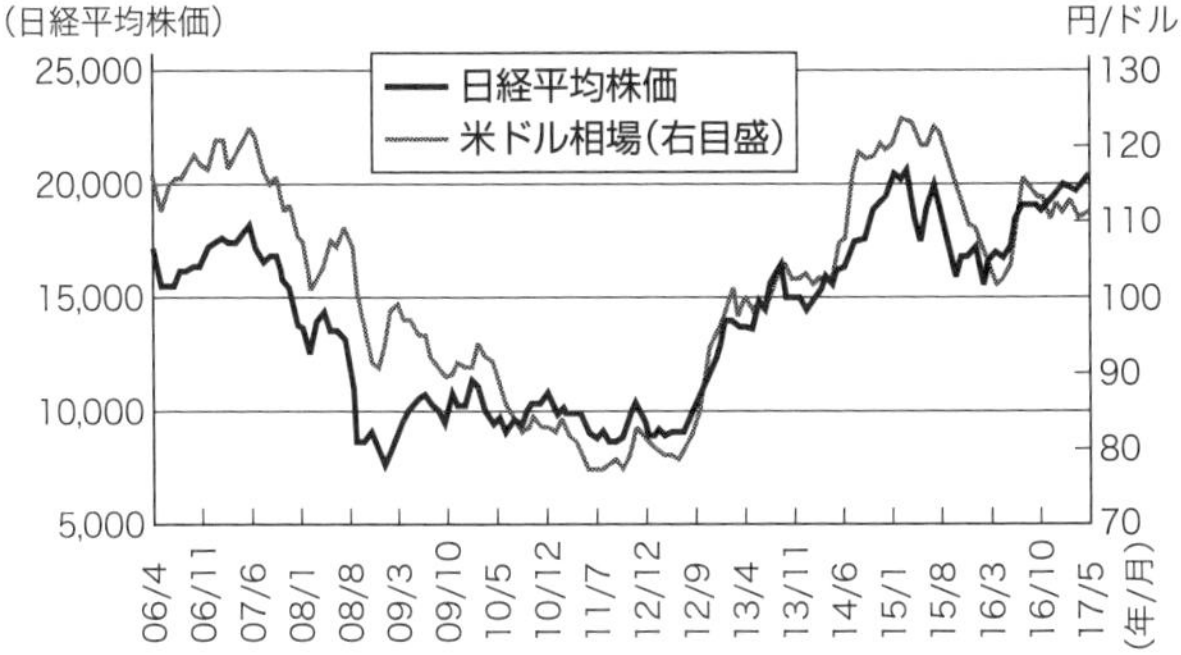

から銀行に出て行く資金の量を猛烈に増やそう、という政策です。

これに対しては、ゼロ金利の時に金融を緩和しても効かない、という論者も多かったのですが、「効かないとしても、副作用もそれほどないから、とくに反対する必要もない」という人が多かったようです。

結果としては、物価はアベノミクス開始後4年半が経過してもほとんど上昇せず、目標の2％に達する目処《めど》も立っていません。しかし、金融緩和のおかげでドルや株が値上がりし、景気の回復に寄与したのですから、金融政策に効果があったことは間違いありません。

●機動的な財政政策（公共投資増額）は、当初は効果を発揮

アベノミクスにより公共投資が増額され、景気の回復に寄与しました。公共投資増額の結果、財政赤字が増加する

ことが懸念されましたが、景気回復にともなう税収増などにより、財政収支は改善しました。ここまでは良かったのですが、ほどなく建設労働者が不足するようになり、公共投資の増額が景気刺激効果を発揮できなくなってしまいました。

当初の景気回復に寄与したことは間違いありませんから、成功ではありましたが、とくに東京オリンピックが決まってからは、むしろ民間工事との労働力の奪い合いになっているようにも見えます。今後しばらく、建設労働者が不足している間は、公共投資予算を抑制して保育園の充実などに予算を振り向けるべきだと思いますが、省庁間の予算獲得合戦もあるでしょうから、簡単ではなさそうですね。

●成長戦略は、供給側の強化を狙ったものだが、力不足

第一の矢、第二の矢が、需要を増やそうという景気対策であるのと対照的に、第三の矢は、供給側を強化しようというものです。経済が成長していくためには、需要と供給がバランスよく伸びていく必要があるので、両方の政策が盛り込まれていることは、意義深いと思います。

金融政策、財政政策が太い柱である一方、成長戦略は数多くの施策の寄せ集めで、全体として供給側を強化しようというものです。「矢ではなく、千本の針である」と言う人もいるほどです。

たとえば、「保育園をつくれば、子育て中の女性が働きに出ることができるようになり、労働力不足が緩和されて日本経済の生産力が増える」といったものが多数あるのです。

もっとも、専門家たちの見解は、「いずれも力不足で、全部合わせても、それほどの効果は見込まれない」ということのようです。規制緩和等は、規制によって利益を受けている人々の抵抗が強いでしょうから、なかなか容易ではないと思いますが、頑張ってほしいものです。

●景気は回復したが、その経路は不思議なことが多い

筆者は長年景気を観察・予測していますが、今回のアベノミクス景気については、不思議なことが数多く起きています。上記のように、公共投資は当初だけしか効かなかったはずです。成長戦略は、需要を増やしたり景気を回復させたりするものではありませんから、景気が回復した要因とはならないでしょう。そうだとすると、金融緩和が景気を回復させたことになります。その理由は少し複雑な話なので、本稿の補論に譲りましょう。

アベノミクスにより、大幅な円安になりました。1ドルが80円前後で推移していた為替レートが、110円前後で推移するようになったのです。「これは輸出数量が大幅に伸びて、景気が回復するだろう」と思って期待していましたが、そうはなりませんでした。財務省の貿易統計で輸出

数量指数を見ると、アベノミクス前の2012年が91・6、2016年が90・0と、まったく増えていないのです。2017年になって、ようやく少しずつ増え始めているようですが。

これは不思議なことです。当初は「円高時に工場の海外移転が計画され、アベノミクスになっても計画がそのまま実行され、海外生産が開始されたので、輸出が下押しされた」のでしょうが、タイムラグにしては長いですね。そこで最近は、「日本企業が長引く不況でデフレマインドに染まりきっていて、今は良いけれど、どうせ近々に悪いこと（ドル安円高等）が起きるはず、と考えるようになっているのだろう」と考える人が増えているようです。どうせドル安円高になるのなら、海外生産を減らして輸出を増やしたりせず、現状を維持しよう、ということなのでしょう。

「輸出企業は、円高時に無理をしてドル建て輸出価格を引き上げずに維持していた。そのため、円安になってもドル建て輸出価格を引き下げることができず、輸出の増加が見込めなかった。半面、円高時に落ち込んでいた輸出企業の利益は円安で回復し、株価の上昇を通じて景気を回復させる効果があった」という面もあるようですが。

●労働力不足なのに賃金が上がらず

景気の回復で、労働力不足になりました。これは、少子高齢化で長い期間をかけて少しずつ現役世代の人口が減少してきたことに気づかなかった人々を驚かせました。経済成長率がそれほど高くないのに、長期にわたる失業問題が一気に解決して、代わりに労働力が不足する時代になったからです。

【図1−8−2】業況判断DIの推移

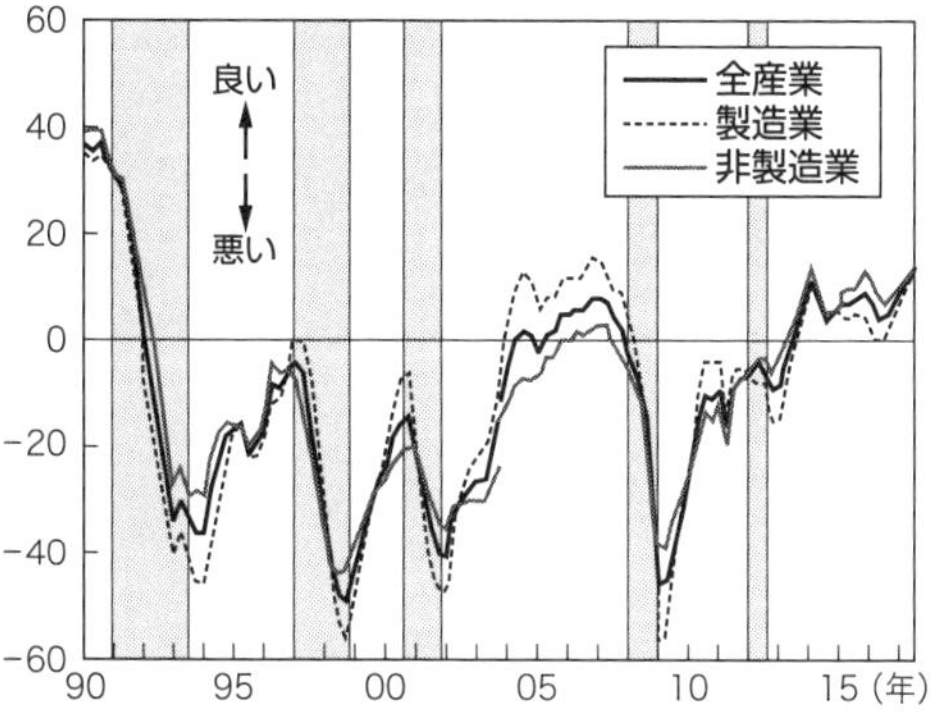

（注）シャドー部分は、景気後退局面。

（出所）日銀短観

現役世代人口が減ってきたことに加え、高齢化により医療や介護といった労働集約的な産業が伸びたこと、デフレからの脱却で企業が値下げ競争からサービス競争に舵を切り、それが多くの労働力を必要としたこと、なども影響しているのでしょう。

労働力不足になったことから、賃金の上昇が期待されましたが、現在のところ、期待はずれの状況です。非正規労働者の時給は上昇していますが、正社員の給料が上がっていないのです。これは、「正社員は終身雇用と年功序列なので、賃上げをしなくても辞めないだろう」という会社側の読みなのでしょう。実際、年功序列で今後の給料増が見込まれる人が転職することは少ないでしょうから。

もっとも、労働者の状況が改善していることは間違いありません。最も恵まれない失業者が仕事にありつき、高齢者や主婦などで職探しを諦めていた人さえも仕事が見つかり、非正規労働者として生計を立てている「ワーキング・プア」と呼ばれる人々の待遇が多少はまともになり、ブラック企業の社員も転職先が見つかりやすくなりました。これは、アベノミクスの最大の成果です。

●消費者物価上昇率2%の目標は、いつか実現すると期待

黒田総裁が目指した物価上昇は、実現していません。「さらに大規模な金融緩和をすれば物価が上がる」と言う人もいますが、「これまでと同じことが起きるだけだ」と言う人も大勢います。ドル高や人件費高騰でインフレになる可能性についても、否定的に考えている人が多いようです。

しかし筆者は「時間はかかるだろうが、賃金の上昇により、消費者物価上昇率は確実に上がるだろう」と考えています。景気が回復を始めてから企業が雇用を増やし、失業者が減り、賃金が上昇し、それが価格に転嫁されるようになるまでには、長い時間を要します。ようやく、その段階が近づいてきたことを、宅配便業界の値上げが示唆《しさ》しているように思えるからです。

世の中に資金が出回らなかったのに、ドルと株が値上がりした

アベノミクスの金融緩和は、貨幣数量説の発想から出発しています。日銀が大量の資金を世の中に供給すれば、資金とモノ（財およびサービス）の比率が変化するので、資金よりモノが貴重となり、モノの値段が上がる、というわけです。モノの値段が上がり始めれば、人々は買い急ぎをするだろうから、モノが売れて景気が回復するだろう、ということです。

しかし、世の中に資金が出回ることはありませんでした。金融緩和とは、日銀が銀行から国債を購入して代金を支払うことですが、銀行は日銀から受け取った代金を貸出に用いることなく、そっくり日銀への預金（準備預金と呼びます）に使ったからです。「銀行が金利の低い国債を保有していたのは、貸出先が乏しいからだ」ということを考えれば、当然ですね。

世の中に資金が出回らないのであれば、株高やドル高にもならないはずです。しかし、理屈通りに動かないのが株やドルの値段なのです。黒田日銀総裁が自信満々に「世の中に資金が出回り、物価が上がります」と宣言したので、〝黒田教信者（失礼！）〟たちは、「世の中に資金が出回るなら、株もドルも値上がりするだろう。先回りして買っておこう」と考えて買い注文を出しました。それで株とドルが値上がりしたのです。

株価は美人投票の世界だ、といわれます。「皆が上がると思うと皆が買い注文を出すので株価は実際に上がる」という意味です。皆が〝黒田教〟を信じ、株高ドル高を予想して株とドルの買い注文を出したことが重要なので、〝黒田教〟が正しかったか否かは、どうでも良いのです。

筆者をはじめとする（元）銀行員は、〝黒田教〟が間違いであることを知っていました。銀行員の常識として、日銀が国債を購入した代金が貸出に使われるはずがないからです。しかし、筆者はドルと株を買いました。「〝信者たち〟がドルと株を買うだろうから、ドルと株は値上がりするだろう。今のうちに買っておこう」と考えたのです（笑）。

こうしてドルと株が値上がりし、景気が回復しました。〝黒田教〟自体は誤《あやま》っていましたが、それで景気が回復したのですから、結果オーライです。医者が患者に小麦粉を渡して「良い薬です」と言うと、病気が治ることがあるそうです。「偽薬効果」と呼びます。実際には効くはずのない金融緩和で景気が回復したのですから、今回も「偽薬効果」だったのです。

さて、日銀は、アベノミクスの前から異例の大規模金融緩和を行なっていたのですが、アベノミクスになってから、急に株やドルが値上がりしました。それは、黒田日銀総裁の堂々とした記者会見の様子が奏功したのです。前任の白川総裁は「小麦粉だから、効かないと思うが」と言いながら患者に小麦粉を渡していたから、効かなかったのですね（笑）。

第2章

暮らしの中の経済

1　日本の人口構造

日本経済を語る際、最も重要なことの一つは、少子化と高齢化が進みつつあり、日本の人口が今後急速に減少していくだろう、ということです。単に減っていくだけでも影響は甚大《じんだい》ですが、問題は少子化によって子供の数が減り、次いで現役世代の数が減り、高齢者が人口に占めるウエイトが上昇し続ける、ということなのです。

●日本の人口は1・3億人。成人は1億人

日本の人口は、約1・3億人です。世界の人口が約74億人ですから、日本の人口は世界全体の2%弱だという計算になります。人口に占める女性の比率は約51%です。これは、女性のほうが平均寿命が長いことによるものです。

ちなみに、人口のうち成人は約1億人です。余談ですが、1兆は1億の1万倍ですから、国の予算は97兆円です、といった大きな数字を見たら、「日本の成人1人あたり97万円だ」とイメージ

すると良いでしょう。

日本に住む外国人は、約240万人、外国に住む日本人は約130万人と、全人口に占める割合はいずれも低くなっています。日本が島国であり、言語も文化も他国と大きく異なることなどが影響しているのでしょう。

日本に住む外国人が少ないのは、日本が外国人単純労働者の流入を厳しく制限していることも影響しています。国際的なモノの貿易や資金面の投資が活発に行なわれているのと比較すると、人の国際化はあまり進んでいない、といえるでしょう。

●日本の人口は、江戸時代の約4倍

江戸時代の人口は、3000万人程度で推移していました。当時の日本は農業国で、農産物を精一杯に生産しても、3000万人程度しか食べていけなかった、ということだったようです。それが、農業技術が進歩したこと、工業製品を輸出して農産物を輸入する「国際分業」を始めたこと、などにより、食料事情が劇的に改善し、人口は増加していきます。衛生状態の改善や医療技術の進歩などにより、人々が長生きするようになったことも、人口増加に寄与しました。

ところが、日本が経済成長で豊かになると、1人の女性が産む子供の数が減り始め、最近では亡くなる高齢者数が生まれる子供の数を上回り、人口が減少しています。このため、少子化対策の重要性が説かれていますが、なかなか成果は上がっていません。

●人口ピラミッドの下半分は、逆三角形

人口ピラミッド（年齢別の人口をグラフにしたもの）は、通常は名前の通り「ピラミッド型」になっているはずです。毎年同じ数の子供が生まれるとすれば、生存率が年齢とともに低下していくはずだからです。

しかし、日本の人口ピラミッドを見ると、70歳あたりと45歳あたりに人口が多い年齢層があり、45歳から下の年齢では、若くなるほど通常とは逆に人口が減っているのです。70歳あたりは戦後のベビーブームの時に生まれた、いわゆる「団塊《だんかい》の世代」で、45歳あたりは団塊の世代の子供たちで、「団塊ジュニア」と呼ばれています。本来であれば、団塊ジュニアの子供たちも他の年齢より人数が多くなることが予想されていたのですが、そうはならなかったのです。

1人の女性が一生の間に産む子供の数の平均を「合計特殊出生率」と呼びます。これが2を上回らないと人口が減ってしまうわけですが、現状は2を大きく下回って推移していて、ちなみに2016年は1・44でした。

【図2−1−1】日本の人口ピラミッド(男女別:2015年10月現在)

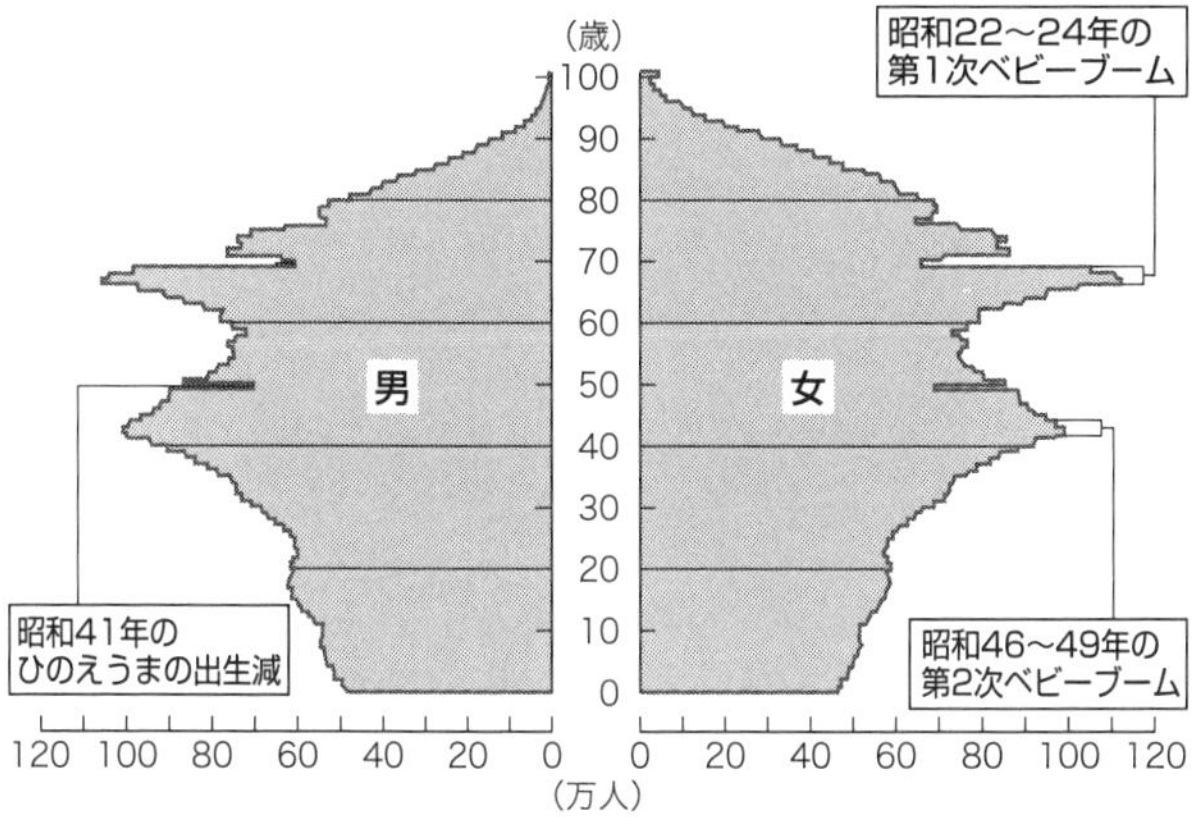

(出所)総務省統計局

１人の女性が産む子供の数が減っていることに加えて、出産適齢期の女性の数も減っているので、新生児数はダブルパンチで減少を続けています。直近《ちょっきん》では、年間出生数が１００万人を下回っており、45年前の半分程度にとどまっています。

●高齢化が進展

統計上、65歳以上が「高齢者」に分類されます。

戦前や高度成長期の65歳と比べると、今の65歳ははるかに若々しく、高齢者の定義を変えるべきだという論者もいますが、統計の連続性を考えると（過去との比較の容易性など）、仕方ないでしょう。

人口に占める高齢者の比率を見ると、高度成長期には６～８％程度であったものが、２０１７年には28％にまで上昇しており、これが２０６０年には40

%にまで上昇する、と予測されています（国立社会保障・人口問題研究所による中位推計）。そうなれば、現役世代が支払った税金や年金で高齢者の医療費や年金を支えていくのは困難でしょう。

従って、高齢者自身が元気な間は働く、という社会が来ることを覚悟しておきましょう。高度成長期は、15歳から55歳まで40年間働き、70歳代で亡くなるのが普通でしたから、人生の半分以上は働いていたわけです。それなら、人生１００年時代には、20歳から70歳過ぎまで働くのが当然だ、と考えておきましょう。

●人口の大都市への集中

日本の人口は、大都市に集中しています。２０１５年の国勢調査によれば、日本全体としての人口密度（1平方キロメートルあたりの人口）は３４１人ですが、東京都の人口密度は６１６８人と全国平均の18倍です。次いで大阪府、神奈川県も全国平均の10倍を超えており、大都市圏に人口が集中していることがわかります。

そもそも日本の国土は山が多く、平野部が少ないため狭い所に人口が集中する傾向にありますが、高度成長期以降に人口が農村部から都会へ大移動（「金の卵」の上京など）したことも重要です。こうした大都市への人口集中は、現在も進行中です。

日本の三大都市圏は、東京圏（首都圏）、関西圏、名古屋圏（中京圏）です。大工業地帯として発展しましたが、今では都心部は地価が高いため、工場よりもオフィスビルが立ち並んでいます。人口の集中により、大都市圏では過密の弊害《へいがい》が出ています。交通渋滞、大気汚染、満員電車での長時間の通勤などです。

それでも人口が大都市に流入を続けているのは、大都市のほうが生活が便利で楽しい、ということもありますが、何より仕事が見つけやすい、ということが重要なようです。直近では地方でも労働力不足だといわれていますが、地方で見つかる仕事に比べて、大都市の仕事のほうが給料などの面で魅力的だ、ということのようです。

都会が過密に悩む一方で、金の卵たちが都会へ出て行った後の農村等の多くは、過疎と高齢化に悩まされています。金の卵たちが出ていった頃は、その親たちが元気でしたから、とくに問題はなかったのですが、その後数十年を経て、農村などが超高齢化に悩まされているのです。

高齢者ばかりであるため、住民に必要なサービスを提供する若者がいない、ということに加え、人口が減る一方なので、商店や診療所などが経営できなくなり、閉鎖されていきます。そうなると、過疎地の高齢者は買い物にも通院にも困る、といった事態に陥《おちい》るわけです。

少子化は止められるのか?

少子化は、国難です。高齢化により少ない現役世代が大勢の高齢者を支える必要が出てきますし、それ以上に、日本の人口が遠い将来にはゼロになってしまいかねないからです。

「日本のGDP(国内総生産)が半分になっても、人口が半分になれば1人あたりのGDPは減らないのだから、何も問題ない。むしろ狭い国土を半分の人数で広々と使えてラッキーだ」と考える人もいるかもしれませんが、国際的な発言力は低下するでしょうし、万が一の場合に国土を防衛する力も落ちていくでしょうから、やはり深刻な問題なのです。

少子化を止めるには、合計特殊出生率を回復させること、それも急いで実現させることが必要です。過去の少子化の影響で、出産適齢期の女性の数が毎年減っていくからです。「少子化を止める」というと、「産みたくない女性に出産を強要する」と考えて反対する人もいますが、決してそうではありません。「産みたいけれども、諸事情で産むことができない女性を助けて、産めるようにする」のです。

「産むか否《いな》かは個々人の問題で、政府が干渉すべきでない」という意見もありますが、それも賛同しかねます。地球温暖化防止のために政府がエコカーを推奨《すいしょう》すること、そのために「エコカーを買った人には補助金を出す」ことは、普通です。「エコカーを買うか否かは個々人の問題で、政府が干渉すべきでない」などと反対する人はいないでしょう。それと同じことです。

少子化対策の柱は二つです。一つは、「産みたいけれど、仕事との両立が難しい」という人のために、保育園をつくって「待機児童」を減らすこと、子育て中に働きやすい職場環境の整備、父親の家事・育児への積極的な参加、などが有効でしょう。「結婚したいけれども相手が見つからない」という女性のためにお見合いパーティーを催《もよお》す自治体もあるようです。そこまで行政が関与すべきか否かは、賛否両論あるでしょうが。

もう一つは、経済的な不安から出産を躊躇《ちゅうちょ》している人に、経済的な支援をすることです。極論ですが、たとえば「児童手当」を毎月10万円支給するならば、ワーキング・プア同士が結婚しても、子供を2人産めば生活できるでしょう。ぜひ実現してほしいものです。さらに、幼児教育の無償化、保育園の全面無償化、小学校給食の無料化等々も同様です。

日本は、高齢者向けの支出が、子供向け、若者向けの支出よりも圧倒的に優遇されています。高齢者のほうが若者よりも選挙民の数が多く、投票率も高いので、政治家がどうしても高齢者向けの政策を優先しがち（これを「シルバー民主主義」と呼びます）ということなのですが、少子化は国難なのですから、「万難《ばんなん》を排して」取り組んでもらいたいですね。

2 日本の家計消費

日本の平均的な家計は、1人1か月10万円弱の消費をしています。これは勤労者世帯も無職高齢者世帯も概《おおむ》ね同様です。1世帯あたりの金融資産額は1820万円ですが、「普通の勤労者世帯」の金融資産は734万円です。

●家計調査は2人以上世帯が中心

家計調査という統計があります。大規模なサンプル調査により、日本の平均的な家計の様子を捉《とら》えよう、というもので、約8000世帯の家計簿を集計するものです。以下、2016年調査の詳細結果表を用いて、日本の平均的な家計の収入、消費、貯蓄等を見てみましょう。

かつて、日本の家計は大家族でした。その後、核家族になっても、多くの人は家族の一員でした。そこで、家計調査は「単身者は例外だから、取り扱わない」ということで、2人以上の世帯の調査だけが行なわれていたのです。

その後、単身世帯が増加しました。晩婚化、非婚化による若者の1人暮らしが増えたこと、死別による高齢者の1人暮らしが増えたこと、離婚により年齢を問わずに単身者が増えたこと、などが原因です。家計調査も単身世帯を調べることとなりましたが、いまだに2人以上の世帯が中心になっているので、本稿でもとくに記載がない限り、2人以上世帯について記します。

調査は、勤労者世帯（家計調査では、自営業者は含まず、雇われている人を指します）とその他に分けて集計されています。勤労者世帯については収入も細かく毎月集計されていますが、その他世帯は、月次調査では収入については聞かず、年報にのみ収入の記載があります。

なお、家計調査は大規模な調査ではありますが、たまたま高額商品の購入者が何人か含まれていたりすると、前年と大きく異なる結果になる場合もあるため、幅を持って理解することが必要でしょう。調査への回答が面倒なので、多忙なサラリーマンは断る場合も多く、公務員等が回答者に占めるウエイトが高い、といった問題点も指摘されています。

●平均的な家計は人数が3人で消費額が月28・2万円

家計調査の調査世帯の平均を見ると、人数が3人で、消費額が月28・2万円となっていますから、1人1か月10万円弱の消費、といったところが平均です。読者の家計は、いかがでしょうか。

【図2−2−1】家計の収入と支出

〈2人以上の勤労者世帯（月平均）〉

	2006年	2016年
収入	525,791円	526,973円
非消費支出（税金など）	84,271円	98,276円
消費	320,231円	309,591円
黒字（貯蓄など）	121,217円	119,106円
世帯人数	3.16人	3.39人

〈2人以上の高齢者無職世帯（月平均）〉

	2006年	2016年
収入	224,753円	208,111円
非消費支出（税金など）	30,981円	29,024円
消費	247,867円	239,604円
黒字（貯蓄など）	−54,096円	−60,517円
世帯人数	2.40人	2.40人

（出所）家計調査年報

なお、「平均」は「普通」ではないので、注意が必要です。本稿で「普通」とは、全員を所得の高いほうから順番に並べて、ちょうど真ん中にくる人のことを指します。これを「中央値」と呼びます。高額所得者と低所得者を「平均」しても、「普通」よりは高くなります。ということは、読者の家計が「平均」より少しくらい低くても、それが「普通」なのですから、安心してください。

ちなみに、単身世帯の1人あたり消費額は2人世帯よりも今少し多いはずです。2人で暮らすと1人暮らしの2倍の費用がかかるわけではなく、1人暮らしは割高なのです。余談ですが、「自分は収入が少なくてワーキング・プアだから結婚できない」という人が多いようですが、ワーキング・プア同士が結婚すれば、1人あたりの生活費は安くなるのですから、それも選択肢でしょう。

右の表は、勤労者世帯と高齢者無職世帯について、収入や消費額などを見たものです。参考までに、10年前の結果も載《の》せてあります。目につくのが、現役世代と高齢者無職世帯では、収入がまったく違うのに、1人あたりの消費額は似たようなものだ、ということです。

老後はレジャーなどへの支出が減りますが、一方で医療費などが増えますから、「老後は金を使わないから生活費が安いはず」と思うのは危険です。若い時に収入を全部使ってしまうのではなく、老後に備《そな》えて貯蓄をしておくことが重要ですね。

10年前と比べると、現役世帯では税金や社会保険料などの非消費支出が増えています。少子高齢化によって、少ない数の現役世代が大勢の高齢者を支える必要性が増しているので、現役世代の負担が増えているのは当然ですね。

●1世帯あたりの金融資産は、平均1820万円、普通の勤労者世帯は734万円

家計調査は、資産と負債についても調査しています。それによると、1世帯あたりの金融資産額は平均1820万円です。もっとも、読者の金融資産がこれ以下でも、焦る必要はありません。

第一に、所得格差と比べてはるかに金融資産額の格差は大きいため、「平均」と「普通」の差も大きいのです。ちなみに、「普通」の家計の金融資産は1064万円です。第二に、高齢者のほうが現役世代よりもはるかに多額の金融資産を持っているので、勤労者世帯に限ってみれば、

【図2-2-2】家計の資産、負債（年齢別）

	金融資産	負債
40歳未満	574万円	1,098万円
40歳代	1,065万円	1,047万円
50歳代	1,802万円	591万円
60歳代	2,312万円	220万円
70歳以上	2,446万円	90万円

（注）2人以上世帯。（出所）家計調査年報（平成28年）

「平均」が１２９９万円、「普通」が７３４万円です。

高齢者というと「弱者」というイメージを持っている人が多いかもしれませんが、少なくとも金融資産額については、高齢者のほうが圧倒的に多いのです。ちなみに高齢者無職世帯（全体の33%）に限ってみれば、１世帯あたりの貯蓄額は平均２３６３万円となっています。詐欺師が高齢者を狙うのは、判断能力が衰《おとろ》えているからだけではないのですね。

日本のサラリーマンは、年功序列賃金ですから、若い時には給料が安く、しかも子育て費用等がかかります。50歳代になると、給料も高くなり、子育てを卒業する人も増え、老後に備えた貯蓄を本格化する時期です。そして、60歳頃には退職金も出ます。最近は、長生きをする親が多いので、60歳を過ぎてから遺産を受け取る人も多いようです。

退職金が出たときが金融資産保有額のピークのはずで、そこからは老後の貯蓄を取り崩しながら年金で足りないぶんを補《おぎな》って生活するのが普通なのでしょうが、長生きしても大丈夫なように倹約して暮らす人が多いため、金融資産の減り方は緩《ゆる》やかです。

老後の蓄えが少ししか減らない要因のもう一つは、60歳を過ぎてからも働く人が多いことでしょう。サラリーマンも、定年後に再雇用されたり、新しい仕事を見つけたりして、元気な間は働く人が多いようです。自営業者は、定年がありませんから、それこそ元気な間は働き続ける人が多くいます。自営業者の場合は、退職金がなく、年金もサラリーマンに比べて少ないので、働かざるを得ない、という面もあるようですが。

●所得格差より資産格差のほうが、はるかに大

勤労者世帯の家計を所得や資産の大きい順に並べて、最初の5分の1、次の5分の1、というふうに五つのグループに分け、上位5分の1と下位5分の1の平均を比べてみましょう。

所得の上位は86万円、下位の所得は30万円で、3倍弱の開きがありますが、年功序列賃金制であることを考えると、貧富の格差という感じは薄いでしょう。全世帯で見れば、超高額所得者がいたり、無職の高齢者がいたりして、所得格差は大きくなりますが、それでも5倍以内です。

一方で、資産の上位グループ平均は5548万円（負債は230万円）、下位グループ平均は94万円（負債は621万円）と、こちらは大きな開きがあります。ただ、これも貧富の差というより、高齢者と若者の差のほうが主因かもしれず、問題といえるか否かは慎重に判断したいですね。

格差は拡大しているのか?

マスコミ報道などで、格差が拡大している、といわれています。それを裏付けるデータも発表されています。世帯を所得順に並べて、ちょうど真ん中の人の所得を中央値と呼びますが、その半分以下しか所得がない人(貧困層)の比率(「相対的貧困率」と呼びます)を見ると、格差が少しずつ拡大していることがわかります。

厚生労働省の国民生活基礎調査によれば、1985年に12・0%であった相対的貧困率は、2015年には15・6%まで上昇しています。「1億総中流」といわれ、平等な社会と見られてきた日本において、貧困率が高くなってきたことは、驚きを持って受けとめられました。

高齢者の増加によって、所得の少ない人が増えていることが原因ならば、とくに問題はありません。しかし、若者の失業、ワーキング・プアの増加といったことが原因ならば、それは問題です。後者の要因は、バブル崩壊後の長期低迷期には深刻だったはずですが、アベノミクスによる景気回復で、失業が減り、ワーキング・プアの生活も少しずつマトモになりつつありますから、このまま改善が続くことを期待しましょう。

格差は悪いことか?

格差は悪だ、というのは「常識」ですが、本当に格差は悪いことなのでしょうか。格差がまったくない世界は、素晴らしい世界なのでしょうか。じつは、そうでもないのです。

「全社員の給料を同じにする」と社長に言われたら、社員はサボります。真面目に働いてもサボっても、給料が同じだからです。「どんなに稼いでも、全額税金で召し上げて、全員に平等に配分する」と政府にいわれたら、国民はサボります。それでは、皆がサボって生産量が減るので、「皆が平等に貧しい世界」になってしまいます。実際に、かつてソ連や中国が共産主義に基づいて平等な国をつくろうとしたことがありましたが、うまくいきませんでした。

しかし、今の米国のように、超大金持ちが富を独占しているような、格差が大きすぎる世界も問題です。また、頑張って豊かになろうと思っても、それができないようならば、格差も問題です。今の日本でいえば、「能力も意欲もあるのに、貧しくて学校教育が十分に受けられないので、給料の高い仕事に就《つ》けない」子供が増えているといわれています。それは問題です。「格差はあるが、誰でも頑張れば金持ちになれるのだから、みんな頑張れ」と言えるような世界が理想なのですが、なかなか難しいですね。

3 雇用と失業

15歳以上人口の約6割が働いています。そのうち自営業は1割強で、残りは雇われています。アベノミクスで失業率は大幅に低下しましたが、正社員と非正規労働者の待遇の格差は依然として大きく、改善が望まれます。

●労働力人口は約6800万人

日本の総人口は約1億2700万人、15歳以上は約1億1100万人、そのうち労働力人口は約6800万人です。労働力人口とは、働く能力があり、仕事をしているか探している人の数です。統計上は、実際に働いている就業者と、働く能力があって仕事を探しているけれども仕事にありつけていない人（失業者）の合計で表します。

15歳以上の人のうち、労働力人口は6割ほどです。残りの多くは高齢者、アルバイトをしていない学生、専業主婦、病気や怪我《けが》などで働けない人、などです。

就業者のうち、1割強は、自営業主およびその家族。残りの9割弱は雇用者（雇われている人）です。雇用者の数％は役員、6割弱は正規雇用者で、残りの多くは非正規雇用者（非正規労働者）です。非正規労働者とは、パートやアルバイト、派遣、日雇いなどです。

●失業率は3％程度。女性、高齢者より現役世代男性のほうが高い

失業率は、失業者数を労働力人口で割った値（％）です。仕事を探している人だけが集計対象ですから、仕事探しをしていない人、諦《あきら》めてしまった人は、失業者ではなく、失業率の計算には入りません。

　従って、女性や高齢者の失業率は、意外なほど低くなっています。簡単に仕事探しを諦めてしまうからです。一方、現役世代の男性は、簡単には仕事探しを諦めませんから、失業率は女性や高齢者より高くなるのが普通です。

　一般に、若者のほうが、中年よりも失業率は高めです。不況期には企業が新卒採用を絞り込むため、正社員になれずに非正規で生計を立てる若者が多くなります。彼らは雇用の保

【図2−3−1】男女別、年齢別の完全失業率(2016年)

年齢	15〜24	25〜34	35〜44	45〜54
男	5.7%	4.4%	2.9%	2.6%
女	4.5%	4.1%	2.9%	2.4%
年齢	**55〜64**	**65〜**	**年齢計**	**男女計**
男	3.4%	2.5%	3.3%	3.1%
女	2.3%	1.3%	2.8%	

（出所）労働力調査

障がないので、仕事を失って失業者になりがちなのです。

失業率は、景気が悪くなると企業が人を雇わなくなるために上昇し、景気が回復すると低下します。リーマン・ショック後には、5%を超えるところまで上昇しましたが、その後の景気回復で徐々に低下し、アベノミクスによる景気回復・拡大で3%程度になりました。

●失業率は高度成長期より高いが、雇用のミスマッチが主因

高度成長期の失業率は、1%程度で推移していました。極端な労働力不足でしたが、ゼロにはならなかったのです。最近も、労働力不足だといわれていますが、失業率は3%程度と、高度成長期と比べると相当高くなっています。「労働力不足ならば、失業者を雇えば良いのに」と考える読者は多いと思いますが、実際には「雇用のミスマッチ（雇う側の条件を働く側が満たしていない）」があるので、難しいのです。

パソコンができる人を募集する企業と、パソコンはできないけれど働きたい人がいる場合、ミスマッチになりますから、企業は失業者を雇うことはできません。都会で働く人を募集する企業と、田舎で親の介護をしながら働ける仕事を探している人がいる場合も、同様です。

労働力の需給関係を測るための指標としては、失業率と並んで有効求人倍率があります。これ

は、求人数を求職者数で割った値です。公共職業安定所（ハローワーク）を通じた求職と求人から作る統計なので、民間の求人情報誌などの求人数は含まれません。

●非正規労働者は正社員に比べて低収入で不安定

企業で働いている人は、役員と正規雇用（正社員）と非正規雇用（非正規労働者）に大別されます。正社員は終身雇用ですから、とくに理由がなければ原則として定年まで同じ企業で働きます。年功序列賃金ですから、経験年数を経ることにより、賃金も上昇していきます。かつての日本企業は「従業員の共同体」といわれていましたが、その場合の従業員は「正社員」を指します。

非正規労働者は、学生のアルバイトや主婦のパート、派遣社員などで、原則として労働者が働きたいときに働き、企業が雇いたいときに雇います。給料も時間給で決められることが多く、年功序列賃金ではないので、年齢や経験年数は時間給にあまり影響しないのが普通です。

従来の非正規労働者は、学生や主婦などが小遣い稼ぎに空いた時間だけ働くことが主でしたから、時間あたり給料は正社員よりはるかに低く（統計上は半分弱）、雇用の保障もありませんでしたが、転勤や残業もないだけ気楽だ、というメリットもあるため、大きな問題にはなりませんでした。

【図2−3−2】労働時間と月間給与額(2016年)

	月間労働時間(時間/月)		月間給与額(円/月)	
	5人以上	30人以上	5人以上	30人以上
常用労働者	143.7	148.6	315,590	361,593
うち一般	168.7	167.2	412,174	447,663
うちパート	87.5	93.8	97,636	108,800

(注1) 5人以上、30人以上は集計対象企業の従業員数規模。
(注2) 毎月勤労統計の常用労働者は、日雇いやアルバイトではなく、期間を決めて働く人が中心です。厳密ではありませんが、「一般」は正社員のこと、「パート」は、短時間勤務の非正規雇用のことだと考えて問題ありません。
(出所) 毎月勤労統計

しかし、バブル崩壊後の長期低迷期には、正社員を目指してもなることができず、不本意ながら非正規労働者として生計を立てざるを得ない人が少なからず出現し、問題となっています。彼らは「ワーキング・プア」と呼ばれ、懸命に働いてもまともな生活ができず、男性の場合は結婚が困難である(統計的に既婚率が正社員と比べて大幅に低い)のです。

一度非正規労働者や無職になってしまうと、正社員になるのが大変困難だ、ということも、大きな問題です。日本企業は終身雇用制なので、学校を卒業する前に就職活動を行ない、卒業と同時に正社員として入社する、というのが基本です。そこで、新卒採用されずに一度非正規労働者として働き始めてしまうと、途中から正社員になれる可能性は低く、一生非正規労働者のワーキング・プアとして暮らすことになりかねないのです。

●バブル崩壊後の長期低迷期、企業は非正規労働者にシフト

高度成長期には、猛烈な労働力不足でしたから、企業は労働者をつなぎとめるために終身雇用制と年功序列賃金制を積極的に採用しました。「企業からは解雇しない。労働者が辞職するのは自由だが、年功序列賃金を考えると、途中でやめるのは損だよ」というわけです。

当時は、仮に労働者を採用しすぎたとしても、一時的な不況で労働者が余っても、少し待っていれば経済が成長し、生産が増加し、必要な労働力も増加しましたから、大きな問題ではなかったのです。しかし、バブル崩壊後の長期低迷期になると、事情が変わります。失業者が大勢いて、欲しい時には好きなだけ労働力が確保できるので、終身雇用制で労働力を囲い込む必要がなくなったのです。反対に、ゼロ成長時代ですから、ひとたび過剰な労働力を抱え込んでしまうと、定年まで過剰なままで終わってしまう可能性さえあるわけです。

そこで企業には、必要な時に必要なだけ、労働力を調達するインセンティブが高まり、正社員を雇う代わりに、いつでも「解雇」が可能な非正規労働者を雇うことにしたわけです。もちろん、時間あたりの賃金が正社員より安いことも、非正規労働者を雇う大きなインセンティブでした。その代償として、企業への忠誠心や「会社は家族」といった一体感は得難《えがた》くなりますが、「背に腹は代えられない」というわけです。

昨今の就職活動事情

日本では、学卒で正社員にならないと、なかなか途中からは正社員になれないので、学生にとっては「就職活動が生涯所得に大きな影響を与える人生最大のイベントの一つ」といっても過言ではありません。

筆者は大学の就職支援担当として、学生に向けて「4年分の勉強を3年で終えて、4年生前半は就職活動に専念しなさい。ライバルが就職活動に専念しているときに、講義に出席しているようでは困るから」と言っています。本当は、大学教授が「講義に出るな」などと言いたくはありませんが(笑)。

今の大学生の親が学生だった時代、大学生の就職活動は4年生の10月1日解禁で、短期決戦でしたから、数社だけ受けるのが普通でした。今は、数か月におよぶ就職活動で、学生は数十社を受けることになります。状況がまったく違うのです。親の世代が子供にアドバイスする際には、十分気をつける必要があります。

数十社について志望動機を考え、履歴書を書き、面接を受けます。倍率が数十倍ですから、簡単には合格しません。不合格通知を受け取り続けているうちに、心が折れてしまう学生も大勢います。しかし、一度休んでしまうと、そのまま卒業式を迎えてしまい、卒業と同時に非正規労働者となり、一生非正規のまま、ということにもなりかねません。

そこで筆者は、そうなる前に学生に「受かると思って受けるから、落ちたときに落ち込むのだ。50社受けて1社合格する、宝くじのようなものだ、と思って受ければ、落ちても落ち込まずに済むはずだ」と言っておきます。ここは心を鬼にして叱咤激励するしかありませんが、それはお互い辛《つら》いです。

就職試験で聞かれることは、「勉強で頑張ったこと」「勉強以外で頑張ったこと」「あなたの長所」「当社を志望する動機」が多いようです。最初の三つは使い回しができますが、志望動機は各社それぞれに用意する必要があり、企業研究等が大変です。企業のホームページなどを見るのは当然として、会社説明会に出たり、OB／OG訪問をしたり、インターンシップへ行ったり、学生が最も疲弊《ひへい》するところでしょうね。

多くの採用担当者は、「優秀な学生なら、我が社が第一志望でなくても結構。入社してから愛社精神を持ってもらえば良いのだから」と考えるはずです。それなのに、志望動機を聞くのは「内定を出しても他社へ逃げられてしまうのは困る」「当社のことをよく知らずに入社して、予想と違ったという理由で新入社員が退職してしまうのは困る」といったことなのかもしれませんね。

4　女性の活躍

数の上では、女性の活躍は進んでいますが、質の面では多くの問題が残っています。非正規労働者の比率が高いために所得が低いこと、そして、管理職の比率が低いために所得が低いこと、などです。いずれも時間はかかるでしょうが、改善に期待しましょう。

●女性の就業率は大幅に上昇

高度成長期には、若い女性はほとんど結婚しました。結婚相手が自営業者であれば、夫と共に働きました。自営業者は職住接近で、三世代同居も多かったでしょうから、子育てをしながら働くことも可能だったのでしょう。

一方で、サラリーマンの妻は、専業主婦であることが一般的でした。当時は子供の数が多く、自動洗濯機もコンビニ弁当もなかったので、子育てしながら働きに出るのは無理だったからです。人々も、それが当然だと思っていました。

その後、自営業者が減り、サラリーマンが増えたことで、本来ならば女性の就業率は下がってもよかったのですが、実際には上がりました。洗濯機も掃除機も増え、子供の数も少なくなり、コンビニ等も充実してきたので、子育て中の女性も働きに出られるようになったのです。

さらには、結婚しない女性が増え、子供のいない夫婦が増え、出産年齢も高くなったので、それまでは働くという女性が増えました。

人々の意識も変化してきました。「サラリーマンの妻は専業主婦になるのが当然だ」と考える人は、昔は大勢いましたが、今では少ないでしょう。企業側が女性を積極的に雇う背景には、男女雇用機会均等法が１９８５年に制定されたことも影響しているはずです。

「Ｍ字カーブ」と呼ばれる図があります。女性の就業率（正確には失業者を含む労働力人口比率）を年齢別に示したものです。従来は、結婚や子育てで離職し、子育てが一段落してから仕事に戻る女性が多く、グラフがローマ字のＭの形に見えたのですが、最近はＭの形が明確でなくなっています。これは、女性の活躍（少なくとも数の上では）を示すものです（次ページ図２－４－１参照）。

●女性の就業は、非正規比率が高く、収入も少額

こうして、働く女性が増えたことは望ましいのですが、非正規労働に就いている割合は、女性

【図2−4−1】女性の年齢別労働力人口比率の推移

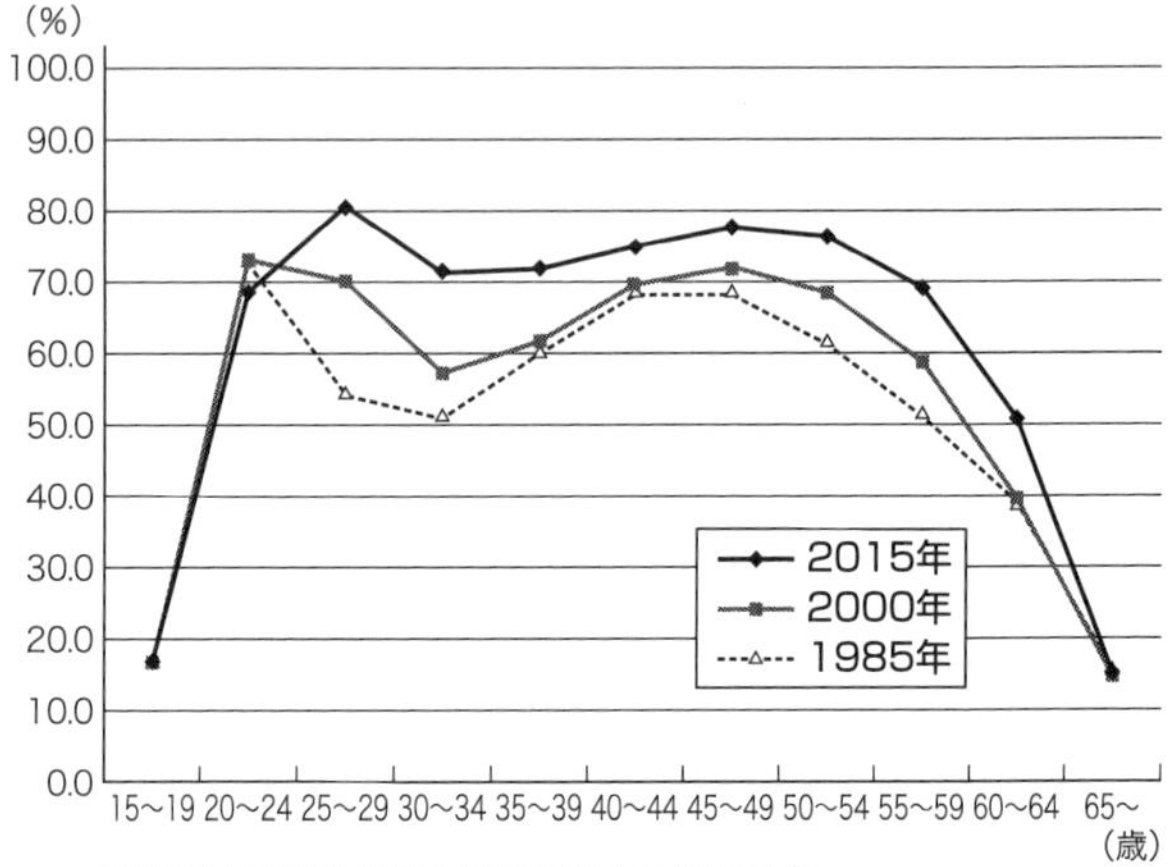

(注)男女雇用機会均等法が制定されたのが1985年。

(出所)総務省統計局

(約5割)が男性(約2割)よりも高いことには留意が必要です。もちろん、女性が非正規労働者として働くことが悪いというわけではありません。さまざまなケースがあるでしょう。

本来は専業主婦でのんびり暮らしたいが、バブル崩壊後の長期低迷期で夫の収入が減り、家計を補うためにやむを得ず働きに出ている人もいるでしょう。子育てが一段落したので、社会とのつながりを保つためにも負担にならない範囲で仕事を持ちたい、という人もいるでしょう。正社員としてバリバリ働きたいのに、夫が家事育児をまったく手伝ってくれないので無理だ、という人もいるでしょう。これは夫の意識改革が望まれますが。

かつての就職戦線は男性優位だったので、正社員を志望しながら非正規労働者になってしまった女性もいるでしょう。これは深刻な問題ですが、最近の就職戦線では人々の考え方も変わり、労働力不足であることもあって、今の学生は女性でも意欲と能力さえあれば、新卒採用で正社員になることは難しくないようです。

問題は、育児のために正社員を辞すると、育児が一段落した段階で仕事に復帰しようとしても、正社員には戻れず、非正規労働者として一生を送ることになる、ということでしょう。育児期間に所得がないことは当然だとしても、非正規労働者の待遇は年功序列ではないため、「もしも、正社員を続けていたら受け取れたであろう所得」と「実際に受け取る所得」の格差は、年齢とともに拡大していきます。女性が生涯正社員として働いた場合と、出産で退職し、育児が一段落してから非正規労働者となった場合の生涯所得は数倍異なる、という試算もなされているほどです。

そうであれば、仮に保育園に入れなくても、家事代行サービスなどをフルに利用して、正社員としての地位を死守すべきだ、という考え方もあり得るでしょう。

もっとも、これも労働力不足によって、事態がわずかながら改善しつつあるようです。企業側にも、優秀な女性社員の離職を防ぐためにさまざまな制度を設けるところが出始めています。女性の非正規労働者で「正規の職員・従業員の仕事がないから」非正規で働いているという人は144万人、女性非正規労働者の1割強、女性就業者全体の5％程度ですが、この比率はこのところ順調に低下してきています。

●税制等の問題も

サラリーマンの専業主婦(所得が一定以下の非正規労働者を含む)に、夫が配偶者控除を受けられるといった税制があり、妻が国民年金保険料を支払わなくて良いといった年金制度があることも、問題です。妻が所得を一定水準以下に抑えるべく、働く量を抑えてしまうからです。

筆者は、「一定の基準を超えると負担が増えるが、増えた負担以上に働けば手取りが増えるのだから、思い切って働けば良い」と思っていますが、さまざまな事情もあるでしょうし、心理的な壁もあるでしょう。本当は、税制や年金制度などを政府が変更するべきなのですが。

●男女の賃金格差の主因は非正規労働者比率の違い

男性と女性の賃金を比べると、男性のほうが大幅に高いのですが、その主因は非正規労働者比率にあります。男性と女性の非正規労働者を比べると、賃金は大差なく「等しく低い」状況です。

正社員を比べても、男性のほうが女性より高くなっていますが、これは男性のほうが管理職の比率が高いからです。男女雇用機会均等法施行前(あるいはその後間もなく)に入社した新卒幹部候

【図2−4−2】性別・年齢別賃金

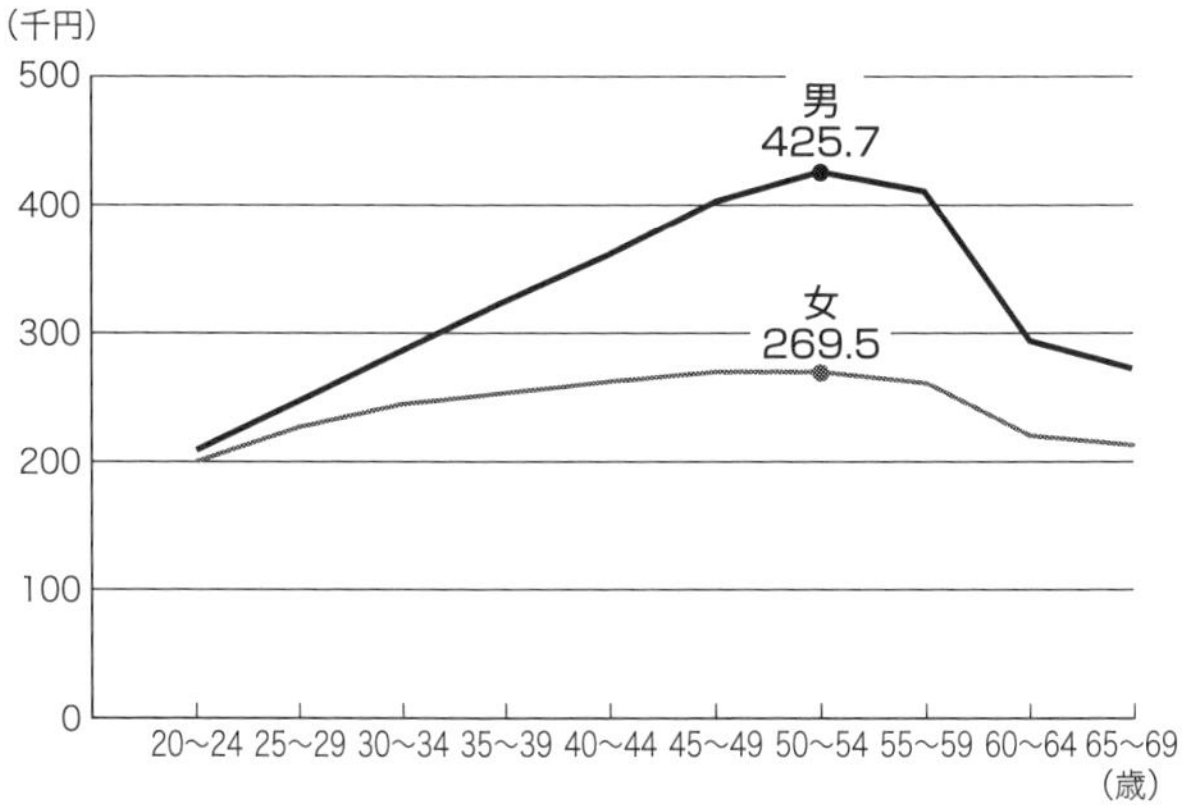

(注)線上の●印は賃金のピークを示す。

(出所)平成28年賃金構造基本統計調査

補生は、女性の比率が低かったわけですから、入社20年目、30年目の幹部社員に占める女性比率が低いのは当然です。

管理職にふさわしい女性が少ないのに、無理に女性管理職を増やそうとするのは危険です。能力のない管理職が誕生すれば企業にとって損失ですし、能力があって管理職に登用された女性が「女性だから管理職になれたんだね。良かったね」などと言われることにもなりかねません。

企業には、幹部候補生として優秀な女性を多数採用し、彼女たちをしっかり教育し、結婚や出産によって離職しなくても良いような制度を整え、将来の管理職として活用することを期待しましょう。

女性の社会進出の阻害要因は多様

女性の社会進出は、数の面では進みましたが、質の面では多くの課題を残しています。その要因は多様で、一朝一夕《いつちよういつせき》には解消されそうもありません。最大のものは、社会に根強く残る「男女の役割分担意識」でしょう。

女性自身も配偶者も、「男性は外で働き、女性は家庭を守る。その範囲内で働けるぶんだけ働く」と考えている人が多いため、優秀であってもバリバリ働くことを望まない女性も多いようです。正社員として男性のライバルと競争しながら幹部候補生を目指す、という女性が少ない、と考える傍証《ぼうしょう》として、難関大学の入学者に占める女性比率があまり高くない、ということがあげられます。

企業側も、男女雇用機会均等法などがあるので、建前としては男女平等ですが、本音のところは「女性はいずれ結婚や出産で退職する可能性が高いから、幹部候補生として鍛えるのではなく、一般職として事務的な仕事に従事させておこう」と考える企業が今でも多いようです。幹部候補として育てた女性社員が退職すると、人事部も辛いのでしょうね。しかし、それによって優秀な女性が「頑張っても仕方ない」と考えるようになってしまうとすれば、残念なことです。

そうしたことから、優秀で意欲的な女性には、公務員や外資系企業などを選ぶ人も多いようです。公務員は平均的な民間企業と比べればはるかに女性が活躍する機会が多いでしょうし、さまざまな配慮も手厚そうです。また、外資系企業は初めから終身雇用制ではなく、優秀であれば女性でも重要な仕事を任されるという男女平等が徹底しているところが多いからです。

政府の対応の不十分さも影響しています。本論中に税制や年金制度について記しましたが、それ以外にも保育園が不足していて働きに出たくても働けない主婦が大勢いることなど、政府が対応すべき事柄も少なくありません。アベノミクスの第三の矢である成長戦略は、その柱の一つに女性の活躍を謳《うた》っているのですから、女性の活躍を妨《さまた》げている要因をぜひとも政府に除去していただきたいものです。

なお、最近では働く側も雇う側も、少しずつ変化してきているようです。働く側としては、生涯独身比率が上昇したこともあり、「結婚後のことは予測できないが、結婚しない可能性も考えると、とりあえず正社員になっておかねば」「結婚しても夫の給料が低いと共働きせざるを得ない」と考えている女子学生も増えているようです。優秀な女性を活用したいと考える日本企業も増えつつあります。安倍政権も、成長戦略の柱の一つとして「女性が輝く日本」をスローガンに掲《かか》げていますし、労働力不足にともなう採用難も、優秀な女性を採用しようという企業のインセンティブとなっているはずです。今後の推移が注目されます。

5 インフレとデフレ

戦後の日本経済は、インフレに悩んでいました。バブル崩壊後の長期低迷期には、反対にデフレに悩みました。アベノミクスがデフレ脱却を目指していますが、なかなか完全には抜け出せていません。物価上昇率を目標通りに誘導するのは、容易ではないのです。

●戦後の日本経済はインフレに、次いでデフレに悩まされていた

戦後の日本経済は、インフレに悩まされていました。終戦後の超インフレのみならず、高度成長期にも緩やかなインフレが続き、石油ショックでは「狂乱物価」と呼ばれるインフレに見舞われました。高度成長期には、人々の給料が急激に増えていたので、多少のインフレは問題なかったはずですが、実際には苦しいと感じていた人も多かったようです。

安定成長期のインフレは比較的落ち着いていました。バブル期には景気が絶好調であったにもかかわらず、プラザ合意以降の急激な円高で輸入品価格が大幅に値下がりしたことなどにより、

【図2−5−1】消費者物価上昇率の推移

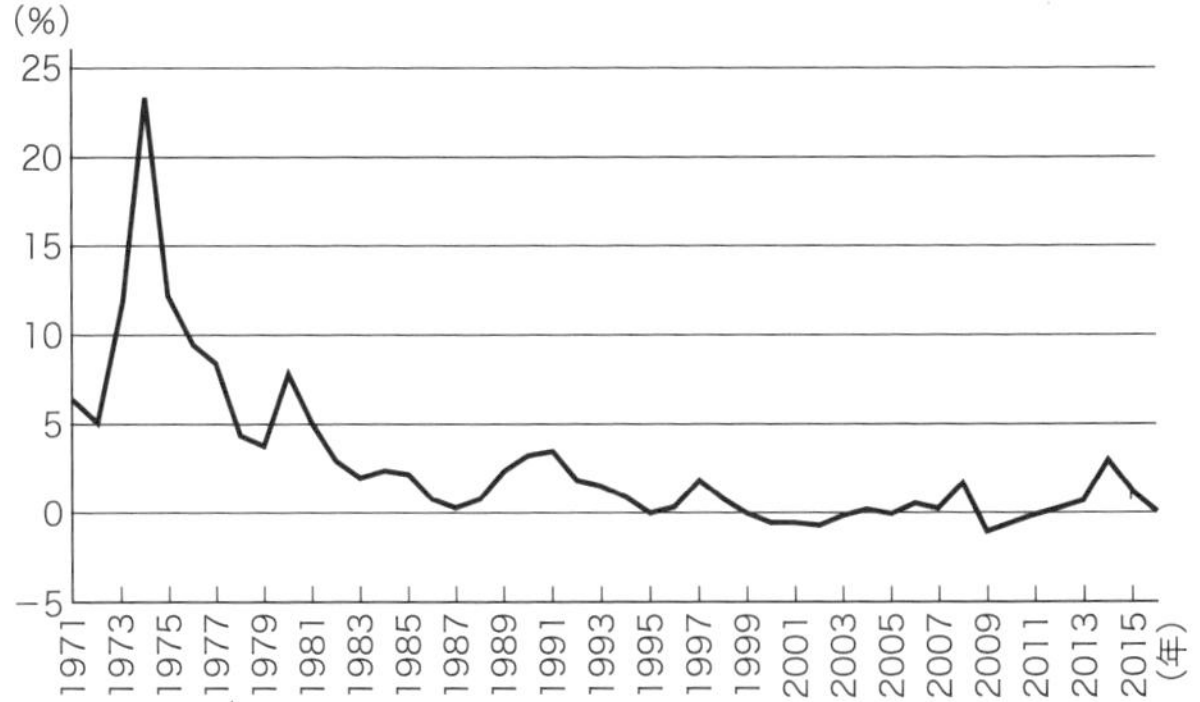

物価は安定したままでした。物価の番人である日銀は、景気が過熱している以上はインフレの懸念があると考えて、金融の引き締めを検討していましたが、結局インフレ予防という目的での金融引き締めは行なわれませんでした。

バブルが崩壊すると、日本経済は長期低迷期に入りました。20年以上も低成長と不景気が続き、デフレの時代を迎えたのです。実際には、年平均で0・3%ほど消費者物価指数が下がっていただけですが、世の中は「デフレ」という言葉であふれていました。

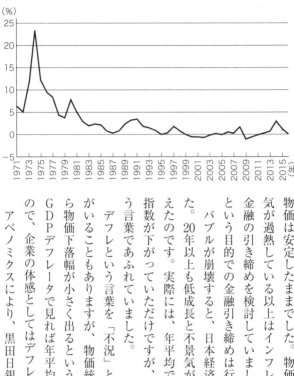

デフレという言葉を「不況」という意味で使っていた人がいることもありますが、物価統計は、作成方法の限界から物価下落幅が小さく出るという性質があるようですし、GDPデフレータで見れば年平均1%強下がっていましたので、企業の体感としてはデフレだったのかもしれません。

アベノミクスにより、黒田日銀総裁は2%の物価上昇を目指して積極的な金融緩和を行ないました。しかし、5年近く経過しても、消費者物価は黒田総裁が思ったようには上がっていません。

●デフレは、なぜ問題なのか

景気が悪くてモノ（財およびサービス）が売れないと、企業は値段を下げてライバルから客を奪おうとします。多少値引きをしても、設備稼働率が上がったほうが利益が増えるからです。

しかし、ライバルも同じことを考えるので、売値を下げても売上は増えません。それでは赤字になるかといえば、日本企業はデフレ時代も結構な収益を稼いでいました。なぜなら、人件費を切り詰めたからです。

企業は、正社員の給料を減らすのは容易ではありませんが、ボーナスを減らしたり、正社員を減らし非正規労働者を増やしたりして、人件費を減らすのです。企業が人件費を切り詰めなくても、失業率が高まると、労働力の価格である賃金（非正規労働者の時給）が下がっていくので、人件費が下がり、値下げしやすくなる、ということもあるでしょう。

そうなると、労働者の所得が減るので、労働者が倹約をしてモノを買わなくなり、企業はいっそうモノが売れなくなる、という悪循環に陥るわけです。

デフレだと実質金利が高くなって景気が悪化する、ということもいえるでしょう。実質金利とは、金利から物価上昇率を差し引いた値のことです。金利は簡単にはマイナスにできない（銀行預金の金利をマイナスにすると、現金保有が増えて強盗が増える等々）ので、デフレになると実質金利がどうしてもプラスになってしまうのです。

このように、景気の悪化がデフレを招き、デフレがさらに景気を悪化させる悪循環が生じる場合があります。これを「デフレスパイラル」と呼びます。

●なぜ、消費者物価指数上昇率の目標はゼロでなく2％なのか

黒田日銀総裁によれば、インフレ率（消費者物価上昇率）の目標がゼロではなく2％であるのは、三つ理由があるそうです。

第一は「物価統計は、作成方法の制約から物価下落幅が小さく出るという性質がある」ことです。統計上のインフレ率がゼロだということは、実際はデフレだ、ということのようです。

第二は「将来の不況期に金融緩和で景気を浮揚《ふよう》できるように『のりしろ』を残しておく」ということのようです。インフレ率が0％ならば、ゼロ金利政策によっても「買い急ぎ」を促すことができないけれども、インフレ率が2％ならば、ゼロ金利政策によって「買い急ぎ」を促すこと

ができる、ということでしょう。

第三は「諸外国との横並び」です。諸外国も2%なのだから、日本だけ低いインフレ率を目標とすると、為替市場でドル売り円買いが増えて円高になってしまう、と懸念しているようです。

デフレ退治のほうがインフレ退治よりも難しいということを考えると、「ゼロ%を目標として、結果がマイナス2%になる」というリスクは避けたい、という判断もあるのだと思われます。金融政策で目標通りにインフレ率を誘導するのは難しいので、インフレ率ゼロを目指すと、マイナス2%やプラス2%になってしまう可能性があるわけですが、プラス2%なら抑え込むことが容易でも、マイナス2%をゼロに引き上げるのは容易ではありません。一方で、2%を目指していれば、0%になっても4%になってもなんとか対応可能です。そこで、マトが外れた時の被害の小ささも考えて2%のインフレ目標を掲げているのだと思います。

●なぜ、インフレ率は2%にならないのか、諸説あり

黒田日銀総裁が必死にインフレ率を高めようとしているのに、インフレ率は0%強にとどまっています。その理由については諸説ありますが、以下に筆者の私見を記しておきます。

リフレ派と呼ばれる人々は、「大胆な金融緩和を行なえば、世の中に出回っている資金が増える

ため、インフレになる」と言っていました。「金融緩和をすれば、世の中に出回っている資金と実物資産の比率が変わる。ダイヤモンドが水より高価であることからわかるように、希少なものは価値が高いのだから、相対的に希少となる実物資産の価値が上がる、すなわち物価が上がるのだ」という理屈です。こうした考え方は「貨幣数量説」と呼ばれます。しかし実際には、銀行が国債を売って日銀から受け取った資金をそのまま日銀に預金してしまったため、世の中に資金は出回らず、インフレにはならなかったのです。

景気が回復したので、労働力不足が深刻化しました。それによって賃金が上昇し、人件費コストを企業が売値へと転嫁《てんか》するインフレが発生すると期待されていますが、なかなか実現しません。ようやく、ヤマト運輸が宅配便の値上げに踏み切り、同業他社も追随《ついずい》したことで、値上げの動きが広がると期待していますが、今少し時間がかかるかもしれません。それは、非正規労働者の時給が上がる一方で、正社員の給料が上がってこないからです。

高度成長期からバブル期まで、日本企業は「会社は家族であり、従業員の共同体」でしたから、会社が儲《もう》かれば従業員の賃上げに使ったのですが、最近では会社が儲かっても賃上げせずに株主への配当に使ってしまうため、正社員の給料がなかなか上がらないのです。正社員は年功序列賃金なので、自分からは辞めないだろう。それなら賃上げは不要だ、というわけですね。

ガソリンの値段はニューヨークで動く

本論とは直接関係ありませんが、ここでモノの値段の決まり方の基本を押さえておきましょう。ガソリンの値段は、ひんぱんに動きます。モノの値段は需要と供給で動くといわれますが、ガソリンの需要が増減しているのでしょうか。じつは、ニューヨークで原油の値段とドルの値段が動いているので、それを受けて日本国内のガソリンの値段が動いているのです。

原油やドルを取引したい人が、世界中からニューヨークに集まり、そこで世界中の原油やドルの需要と供給が一致する値段が決まります。需要には、本当に原油やドルが欲しい人のみならず、「原油やドルが値上がりしそうだから、買っておこう。値上がりしたら売って儲けよう」という人もいるので、世界の原油消費量が増減しなくても原油価格が上下することは珍しくないのです。

ニューヨークで原油とドルの値段が決まると、日本のガソリンスタンド（を運営している石油会社）は、銀行へ行ってドルを買い、それをアラブの王様に送金して原油を輸入します。その後は、タンカーの運賃や、原油をガソリンに精製する費用や、ガソリンスタンドの人件費や、ガソリン税などを支払いますが、そうしたコストは滅多《めった》に変動しないので、ガソリン価格の変動はニューヨークで起きている、ということになるわけです。

さて、上記では国内のガソリンの価格は需要と供給で決まるのではなく、ガソリンスタンドがコストに利益を上乗せして決めていることになっていますが、「需要と供給で決まる」のではないのでしょうか？　じつは、需要と供給で決まるのですが、供給が自由に増減するのです。ガソリンスタンドは、「コストに利益を上乗せした価格で買いたい客がいれば、そのぶんだけ供給する」ので、必ずその価格で需要量と供給量が一致するのです。これは、ガソリンが腐らないからです。

生鮮食品などは、値段が安くても保存できないので、需要が少なければ「投げ売り」するしかないのですが、ガソリンはそうではないので、需要が少なければ売らずに持っておくのです。

ガソリンスタンドによって値段が違う主因は、コストが違うからです。都会のガソリンスタンドは土地代が高いので、高値で売らないと利益が出ないかもしれません。反対に、都会の店は客が大勢来るので、高い土地代を払っても十分儲かるかもしれません。

後は、各ガソリンスタンドが何円の利益を上乗せするか、という戦略の違いです。安売りして多くの客を集めるか、高く売って儲けるか。近くにライバル店がある場合には、値下げにより客数が増えるので、値下げするかもしれません。近くにライバル店がない場合には、値下げしても客数が同じなので、大きな利益を上乗せして売るかもしれません。ガソリンスタンドごとに、さまざまなことを考えながら値段を決めているのですね。

6 年金の制度

日本の年金制度は「3階建て」です。1階部分は国民年金で、原則全員が加入します。2階部分は厚生年金で、サラリーマンや公務員らが加入します。3階部分は私的年金です。

●年金は3階建て。1階部分は国民年金（基礎年金）、2階部分は厚生年金

日本の年金は3階建てだ、といわれます。まず、1階部分の基本について。1階部分は、基礎年金とか国民年金とか呼ばれるものです。その基本は、20歳から60歳までの全員が毎月1万6500円ほどの国民年金保険料を支払い、65歳になったら全員が毎月6万5000円ほどの老齢基礎年金を受け取る、というものです。65歳から10年ほど生きれば元がとれる計算です。平均寿命から考えてお得な制度となっているのは、支給額の半分が税金から支払われているためです。

全員一律ですから、原則として学生も失業者も年金保険料を払う必要があります。免除や猶予の制度はありますし、払えなくても罰則はありませんが、年金保険料を支払っておかないと老後に年金が受け取れなかったり受取額が減ったりするので、注意が必要です。

なお、これには大きな例外が二つあります。一つは、サラリーマン（本項では公務員を含み、男女を問いません）です。サラリーマンは、厚生年金保険料を給料から天引きされるので、それによって国民年金の保険料も支払ったことにしてもらえます。また、サラリーマンの専業主婦は、夫が厚生年金保険料を支払っているので、自分も年金保険料を払ったことにしてもらえます。ちなみに、サラリーマンは第2号、その専業主婦は第3号、それ以外の人は第1号と呼ばれます。

自営業者の専業主婦も失業者の専業主婦もダメなのに、サラリーマンの専業主婦だけの特別扱いは、問題でしょう。共働きのサラリーマン夫婦との公平感も欠いています。制度ができた当初は、自営業者は共働き、サラリーマンの妻は専業主婦が多く、失業者も少なかったため、不公平感を感じる人が少なかった、ということのようです。

2階部分は厚生年金です。公務員などは共済年金という制度だったのですが、今では普通のサラリーマンと同じ厚生年金という制度になっています。これは、原則として給料が多い人ほど支払う年金保険料も多く、老後に受け取る年金も多い、という制度です。収入が高い人は老後も生活費がかさむだろうから、老後の年金をたくさん支払ってあげるけれども、そのぶんは現役時代の保険料も高くする、というわけですね。

【図2−6−1】公的年金制度の仕組み

◆公的年金制度は、加齢などによる稼得能力の減退・喪失に備えるための社会保険（防貧機能）
◆現役世代は全て国民年金の被保険者となり、高齢期となれば、基礎年金を受ける（1階部分）
◆民間サラリーマンや公務員等は、これに加え、厚生年金保険に加入し、基礎年金の上乗せとして報酬比例年金の給付を受ける（2階部分）

（数値は平成27年3月末）

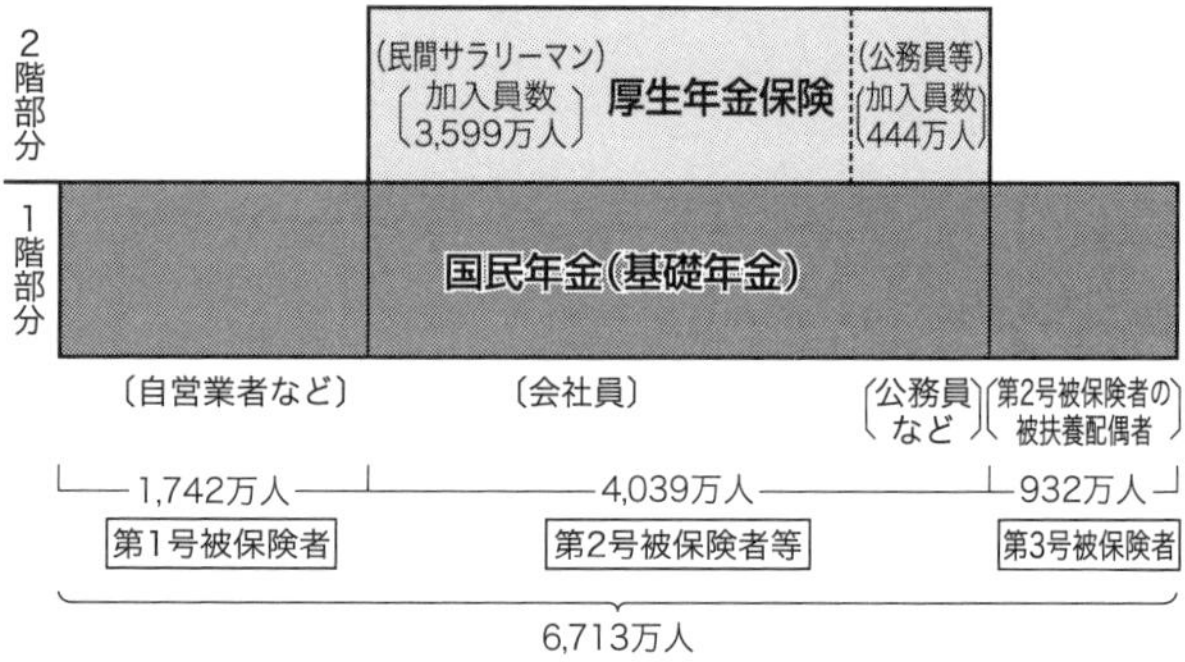

（出所）厚生労働省ホームページ

モデル世帯で見てみましょう。夫が平均年収約５００万円で40年間就業し、妻がずっと専業主婦だと、厚生年金と国民年金を合わせて夫婦で毎月約22万円の支給額となります。

引き落とされる保険料が収入の１割弱とすれば、65歳から８年生きると保険料の元がとれる人もいるでしょう。自分が支払った保険料と同額を勤務先が負担することに加え、妻の国民年金保険料負担がないことも影響しています。

●専業主婦か否かの境目は原則として年収130万円

サラリーマンの専業主婦については「１３０万円の壁」という言葉があります。サラリーマンの専業主婦がパートなどで働いて１３０万円以上稼ぐと、専業主婦ではなく共働きだということで、自分も厚生年金保険料などが天引きされるのです。そこで、年収が130万円を超えないように気をつけて働いている人も多いのです。これについては、似たような話がいろいろとあるので、混同しないように注意してください。

まず、「103万円の壁」という言葉があります。これは、夫の税金を計算する際に配偶者控除が受けられるかどうか、という判定基準ですから、まったく別の話なのですが、言葉が似ているので混同している人も多いようです。また、130万円という金額が、人によっては106万円となる場合もあります。103万円の壁については2018年から150万円の壁に変わります。

●公的年金は長生きとインフレへの強い味方

1階部分と2階部分は、公的年金です。公的年金の特徴は、どんなに長生きしても年金がもらえること、インフレが来たら、原則としてそのぶんだけ年金額が増えること、です。

長生きするのは良いことですが、老後資金だけを考えると、長生きするのはリスクです。現役時代に一生懸命貯金しても、長生きしている間に貯金が底を突いてしまう可能性があるのですから。その点、どんなに長生きしても確実に受け取れる公的年金は大変ありがたい存在です。

公的年金は、インフレが来た場合には、原則としてインフレのぶんだけ支給額が増えるので、年金だけで生活している場合には、インフレで生活水準が下がることはありません。現役世代が払った保険料を使って高齢者に年金を支払うのが基本ですから、インフレが来たら、現役世代が払う保険料を値上げすれば良いのです。インフレになれば、現役世代の給料も上がるでしょうから、現役世代が支払った年金保険料を使うというのは、インフレに強い仕組みなのです。

ただ、良いことばかりではありません。少子高齢化が進むと、年金保険料を支払う現役世代の数が減り、一方で年金を受け取る高齢者の数が増えるので、政府が資金不足になってしまうのです。これからも少子高齢化が続くとすると、現役世代の保険料はこれからも少しずつ上がっていくでしょうし、高齢者が受け取る年金は少しずつ減らされていくことになりそうです。

もっとも、「今の若い人は、将来は年金がもらえない」と考える必要はなさそうです。専門家たちは口を揃《そろ》えて「年金は減るけれども、もらえないことはない」と言っています。筆者も、そう思います。政府としては、年金の支払いをやめたら生活保護の申請が著《いちじる》しく増えて財政が悪化してしまうので、他の歳出を極力削ってでも、年金だけは必死で払うはずです。

ちなみに、厚生労働省の試算では、将来の高齢者の受け取る年金は、悲観的なケースでも現在の高齢者の2割減（インフレ分は調整した実質ベース）ということです。少し楽観的かもしれませんが、ご参考まで。

●3階部分は私的年金

3階部分は、公的ではなく私的な年金です。企業によってさまざまですし、自営業者にもいろいろな制度がありますが、注目されるのは、2017年から「個人型確定拠出年金」という制度（愛称はiDeCo）を誰でも使えるようになったことです。

この制度を使うと、20歳から60歳までの人は、毎月一定の金額（途中変更も可能）を拠出して運用し、将来の年金として受け取ることができるのです。この制度は、税法上のメリットなどが大きいのでオススメです。

第一に、積立額が所得控除になります。所得から積立額を差し引いた後で税率をかけて所得税額を計算するのです。将来、年金を受け取るときには所得税がかかりますが、優遇されるので現役時代に払うはずだった税率より低くなる場合が多いでしょう。

第二は、運用益が非課税なことです。通常だと株式投資の値上がり益等には20％強の税金がかかりますが、それが非課税なのです。また、iDeCo専用商品は総じて手数料が安いようです。

iDeCoの特徴の一つとして、原則として60歳まで引き出せません。これはデメリットのようにも見えますが、意思が弱くて老後資金を貯《た》められない人のための政府の親心ですから、これもメリットの一つに数えておきましょう。

年金上の「身分の変化」に要注意

男性もですが、とくに女性が気をつけたいのが、年金制度上の身分の変化です。学校を卒業して就職し、結婚や出産にともなって退職して専業主婦になり、子育てが一段落してから再び働きに出る、という女性は多いでしょう。その場合、年金上の身分が変化する場合がありますから、届け出等を忘れずに行なうことが必要です（とくに「第1号」になった場合）。

大学生は20歳になると国民年金の支払い義務が生じます。学生納付特例制度で猶予してもらう場合もあるでしょうが、いずれにしても義務は義務です。会社員になると、通常は厚生年金保険に加入し、会社が給料から自動的に厚生年金保険料を天引きしてくれるので、とくに何もすることはありませんが、会社によっては厚生年金に加入していない場合もあるので、その場合には国民年金保険料を支払うことになります。

結婚または出産で退職した場合、夫がサラリーマンであれば、夫の会社に届けを出すことで国民年金保険料を払わずに済みますが、夫がサラリーマンでない場合には、自分が第1号になったことを届け出て、国民年金を支払わなければいけません。これを怠《おこた》ると、老後に年金がもらえなかったり減額されたりしかねませんので、要注意です。

子育てを終えて仕事に復帰し、年収が130万円の壁（人によっては106万円の壁）を超えると第2号となり、厚生年金保険料を給料から天引きされるようになります。年収が130万円を超える年と超えない年があると、超えない年は第3号（夫が自営業なら第1号）となるので、そのたびごとに届け出が必要です。

サラリーマンの専業主婦が、離婚したり夫と死別したりすると、第2号ではなく第1号になり、国民年金保険料の支払い義務が生じます。頭が混乱し、生活も困窮《こんきゅう》しかねない時に、自ら届け出て年金保険料を払いに行くのは辛いでしょうが……。

自分の身分に変化がなくても、サラリーマンだった夫が解雇されたり退職したりすると、自分は3号ではなく1号になります。夫が解雇されたことを妻に告げられずにいると、妻が年金未払い者になってしまうのですね。

男性でも、転職したりすると、一時的に年金上の身分が変わり、届け出が必要になる場合もあります。気をつけたいものです。なお、気をつけても漏《も》れがあり得ますから、年に1度誕生月に送られてくる「ねんきん定期便」をチェックしましょう。自分がしっかり年金を払っているかをチェックするわけですが、自分が払っていても〝消えた年金〟のように役所がミスをしている可能性もありますので、それもしっかりチェックすべきです。

7 人生にかかるお金

人生は、養《やしな》ってもらう期間（大卒だと1人3000万円以上かかります）、稼ぐ期間（人生の半分ほどの期間に一生のぶんを稼ぎます）、使う期間（夫婦で1億円かかるので、年金をもらい、老後の蓄《たくわ》えを取り崩す）に分けられます。

●人生は、養ってもらう、稼ぐ、使う、の3ステージ

人生90年時代とも100年時代ともいわれますが、お金に関して考えると、人生は三つのステージに分けられます。就職するまでは「養ってもらう期間」です。就職してから引退まで（自営業者は働き始めてから引退するまで）は「稼ぐ時期」です。子供世代を養う、自分の生活費を稼ぐ、老後に備えて蓄える、年金保険料を支払って高齢者世代を養う（自分も将来、次世代に養われるので、貯蓄のようなものですが）、といったぶんをすべて稼ぐわけです。

専業主婦は稼ぎませんが、稼ぐ夫と一心同体だ、と夫婦単位で考えましょう。引退後は、年金

を生活資金の中心に据《す》え、不足分は現役時代に蓄えた老後資金を取り崩しながら生活するのが普通でしょう。

明治時代、日本人の多くは農民で、人生のほとんどを働いて暮らしていました。高度成長期の「金の卵」たちは、15歳から55歳まで40年間働き、70歳代で亡くなった人が多いでしょうから、人生の半分以上は働いていました。そう考えると、人生100年時代を迎えて、20歳から70歳まで働くのは当然のように思えます。「定年後のサラリーマンも、働くのが当然」という時代が来るのでしょうね。

●社会に出るまで2000万〜4000万円かかる

金融広報中央委員会の資料によると、高校を卒業するまで、公立コースでも2000万円超の費用がかかります。私立コースだと、さらに1000万円上乗せです。大学に通うと、1000万円程度かかります。皆さん、親には感謝しましょう(笑)。

ちなみに、高卒や大卒の給料は中卒よりも高いということを考えると、高校や大学に進学するための費用は「投資」だといえるでしょう。しっかり回収できるように、充実した高校生活、大学生活を送りたいものです。

●老後資金は夫婦で1億円必要だが、普通のサラリーマンは大丈夫

生活費がかかるのは現役時代ですが、現役時代は所得に見合った生活をしているので、必要費用の意識はあまりないでしょう。「給料の中から老後のために何万円ずつ貯金していくか」といった意識に上るのは、老後資金だと思います。

老後資金は1億円必要だ、といわれます。それは間違いではありません。60歳女性の平均余命は29年ですから、平均より少し長く、92歳まで生きるとしましょう。夫婦で毎月25万円かかるとして、60歳から92歳まで暮らせば９６００万円必要です。万が一の時のために４００万円手元に置いておくとすれば、1億円になります。

しかし、サラリーマンは年金が比較的充実していますし、退職金も出ますから、現役時代は資産と負債が見合っていれば、最低限の一安心だと考えて良いでしょう。

60歳で定年退職し、退職金を受け取ります。統計によれば、退職金は２０００万円程度を受け取れるとされていますので、現役時代に資産と負債が見合っていたならば、退職時には２０００万円の金融資産を持っていることになり

～	92歳
毎月3万円ずつ取り崩す	1,000万円
	0円

～	70歳
毎月25万円ずつ取り崩す	500万円
	0円

【図2−7−1】老後資金シミュレーション（年金受給開始65歳ケース）

	定年直前	定年直後	〜	65歳
金融資産	500万円	2,000万円	生活費は働いて稼ぐ	2,000万円
負債	500万円	0円		0円

（注）年金が減額されると、取崩額が今少し大きくなる可能性あり。

【図2−7−2】老後資金シミュレーション（年金受給開始70歳ケース）

	定年直前	定年直後	〜	65歳
金融資産	500万円	2,000万円	生活費は働いて稼ぐ	2,000万円
負債	500万円	0円		0円

（注）70歳からは、年金（22万円の1.42倍）だけで生活します。

ます。退職金2000万円というのは少し甘すぎる気もしますが、ここでは、退職金と遺産相続の合計で2000万円と考えることにしましょう。

標準的なサラリーマンは、65歳から年金が受け取れますので、退職後も65歳までは何とか働いて生活費を稼ぎましょう。幸い、少子高齢化による労働力不足ですから、高齢者でも比較的容易に仕事が見つかるでしょう。

65歳からは、標準的な夫婦なら、2人合計で毎月22万円程度の年金が受け取れるので、年金だけでも何とか暮らせるでしょうが、毎月3万円ずつ不足するぶんだけ老後の蓄えを取り崩していくとして、92歳までで1000万円ほどになります。

万が一の場合に備えて、手元に数百万円持っておくとすると、合計必要資金は1500万円程度でしょうか。少子高齢化で将来の年金支給額が減額されていく可能性が高いことを考えると、余裕を持って2000万円くらい用意したいですね。

年金の受取開始を70歳まで待つという選択肢もあります。65歳から70歳までの生活費が毎月25万円だとすると1500万円必要です。70歳時点で手元に残っている500万円は、万が一の時のために保持しておきましょう。年金の受取開始を70歳まで待つと、毎回の受取額が42％増えますから、22万円の1・42倍あれば余裕ですね。もっとも、これも将来の年金減額に備えて、受け取った年金の一部を貯金しておく、といったことは心がけたいですが。

自営業については、人それぞれでしょうから、必要金額を示したりすることはできませんが、年金がサラリーマンと比べて見劣りすること、退職金が出ないこと、というデメリットがある一方で、定年がないので、元気な間はいつまでも働ける、というメリットもあります。長生きをしても、長く働いていれば老後資金の心配は薄らぐのですから、できるだけ長く働きましょう。

●人生の3大費用は老後、住宅、子育て

住宅購入費用は、場所や広さ等々で大きく異なりますが、全国平均だと3000万円から4000万円といったところでしょうか。住宅ローンを組んで、30年程度かけて少しずつ返済していくのが普通でしょう。今は低金利時代ですが、それでも30年間金利を払い続けるのは結構な負担

です。加えて、マンションだと管理費、一戸建てだと修繕費等々がかさみます。しかし、借りるのも大変です。老後も92歳まで家賃を払い続けるとなると巨額の出費です。家の値段と家賃を比べると、買ったほうがはるかに得だというケースが多いでしょう。加えて、高齢の単身者には家を貸したがらない大家も多いと聞きます。慎重に検討しましょう。

子育て費用こそ、人それぞれです。最近は結婚しない人も多いですし、子供のいない夫婦も多いですから、子育て費用が不要な人も多いでしょう。しかし、子を持ったならば、前述のように2000万円から4000万円の費用がかかることを覚悟しましょう。あまり子育て費用を強調すると、「それなら子供は要らない」と考える人が増え、少子化が加速してしまってもいけませんから(笑)、ここでは「子を持つことのメリットも多いでしょうから、単にコストだけを考えて安易な意思決定をするのは避けてください」とだけ記しておきましょう。

以上の3大費用に次ぐものとしては、医療費があげられます。もっとも、これは健康状態に大きく依存しますので、あらかじめ予想することが困難です。医療費自体は健康保険などで支払われる場合も多いので、自己負担は限定的な場合も多いでしょうが、差額ベッド料金が必要となったり、健康状態によって何歳まで働けるかが決まってくるので収入にも大きく影響しかねません。従って、費用というよりは、リスクと捉えておいたほうが良いかもしれませんね。

住宅ローンは固定金利のほうが安心

住宅ローンは、変動金利と固定金利を選べるのが普通です。変動金利のほうが当初の金利が低いので、こちらを選ぶ人も多いようですが、30年も借りていることを考えると、途中で金利が上昇するリスクは大きいと考えておくべきでしょう。

固定金利と変動金利の差は、将来の金利上昇リスクを回避するための「保険料」であると考えることができます。現在は固定金利と変動金利の差が小さいので、少額の保険料でリスクが回避できるなら、安心ですね。よく考えて決めましょう。

老後資金はリスクを避けて分散投資

老後資産を運用する際には、リスクを避けることが重要です。儲けようと思えば、リスクを覚悟しなければなりませんが、大事な老後資産の運用に失敗すれば、悲惨な老後が待っているからです。

それなら全額を現金か銀行預金で持っていれば良いか、というと、そんなことはありません。現金や預金は減りませんが、インフレになると目減りします。同じ金額で買えるモノが減るので、老後の生活水準が落ちてしまうのです。

一方、株やドル（米ドル、以下同様）には値下がりリスクがありますが、インフレには強い資産とされています。「物価が2倍になれば株価やドルが2倍になる」というほど明確な関係ではありませんが、「インフレ時には値上がりしている可能性が高い」ということは言えそうです。

こうした時には、現金も株もドルも少しずつ持つ、という分散投資が「安全かつ安心」です。どれか一つだけを大量に持っていると、大損するリスクを抱えますが、三つに分けて持っていると、三つとも値下がりして大損するという可能性が小さいからです。

タイミングも重要です。多額の株やドルを一度に買うと、たまたまその日が高値だった、という可能性がありますから、時間をかけて少しずつ買っていくという「時間分散投資」が安心です。

株式投資などに不慣れな場合は、毎月一定額の投資信託（日経平均株価連動型、米国株価連動型等）をコツコツ購入していく、ということで良いと思います。初心者は、儲けようと思って欲を出すと損しますので、くれぐれも欲を出さずに淡々《たんたん》と投資を続けてください。株価が上がると買いたくなり、下がると売りたくなり、結局高値で買って安値で売る初心者が多いですから。

その際、投資優遇税制があるので、これも活用できれば良いですね。NISAやiDeCoといったところが代表的でしょうから、投資を始める前に調べてみることをお勧めします。

第3章

企業・産業・金融の動き

1 日本の企業

日本には法人企業が２８４万社あります。ほとんどが中小企業ですが、企業数で全体の１％しかない大企業が売上高の４割弱と圧倒的な存在感を持ち、利益率も大企業のほうが中小企業より高くなっています。

●数は少ないが存在感の大きな大企業

財務省の「法人企業統計（平成28年度）」によれば、日本には法人企業が２８４万社あります。そのうち資本金１０００万円未満の企業が６割以上で、１億円以上の企業は１％にすぎません。数の上では小さい企業が圧倒的に多いのです。しかし、資本金１億円以上の企業は売上高の４割弱を占めていて、経済における存在感は非常に大きなものがあると言えるでしょう。

なお、金融・保険業は、「売上高」が不明ですし、自己資本比率も６％と、それ以外平均の40％と比べて極端に低いなど、さまざまな面で特殊です。そこで法人企業統計は、金融・保険業を除いた集計結果を主に取り扱っています。本稿でも、以下では金融・保険業を除いたベースで見ていきましょう。

まずは法人企業のバランスシート（貸借対照表）を見てみましょう。貸借対照表とは、決算書の一つで、企業がどのように資金を集め、何を購入したか、などを示すものです。

企業が株主から集めた資金（および、利益のうちで株主に配当せずに内部留保した資金）は、純資産、自己資本、株主資本などと呼ばれます。これを総資産で割った値を「自己資本比率」と呼びます。

自己資本比率は、製造業と非製造業ではそれほど差がありませんし、資本金1000万円以上の企業でも規模別の差はそれほどなく、40%程度です。ただし、資本金1000万円未満の企業だけは20%と極端に低くなっています。おそらく、資本金1円の企業が多数あり、自己資本比率を大きく引き下げているのであろうと推測されます。

ちなみに、自己資本比率は、1990年代までは20%以下でしたが、次第に上昇して、現在では41%となっています。これは、企業が稼いだ利益で借金を返済しているからです。90年代後半に銀行の貸し渋りを受けた企業は、とにかく借金に頼らない経営を目指して内部留保を積み上げている、というわけです。

なお、「内部留保が積み上がっている」というのは、金庫に現金が積み上がっているということではありません。本来は配当すべきだった利益を会社内に残し、そのぶんだけ借金を返済した、ということなのです。配当されなかった利益を、銀行借入の返済に使わず、設備投資にも使わず、金庫に積んでいるのであればもったいないことですが、そんな企業は多くはありません。

●利益率は、大企業が高く中小企業が低い

次に、企業の損益計算書を見てみましょう。全企業の売上高は1456兆円ですから、GDP(538兆円)の2倍以上あります。それは、ある意味当然のことで、部品会社の売上と自動車メーカーの売上と自動車販売会社の売上を合計すれば、部品部分の売上が3回、完成車の売上が2回カウントされてしまうからです。GDPは、各社の売上から仕入れを差し引いた「付加《ふか》価値」(自分で価値を作り出した部分、という意味)の合計です。

業種別に見れば、製造業のほうが総じて利益率が高くなっています。製造業も非製造業も付加価値に占める利益の割合が同じだとすれば、製造業のほうが売上に対する付加価値の比率が高いので、そうなりますね。

また、製造業のほうが、非製造業よりも景気動向による利益の変動が大きくなっています。たと

【図3−1−1】法人企業の売上高経常利益率の推移

	2007年	2008年	2009年	2010年	…	2015年	2016年
全産業	3.4	2.4	2.3	3.2	…	4.8	5.2
うち 製造業	5.1	2.3	2.4	3.9	…	5.9	6.1
非製造業	2.7	2.4	2.3	2.8	…	4.3	4.8
資本金10億円以上	5.2	3.3	3.5	4.8	…	7.4	7.9
1億〜10億円	3.1	2.3	2.6	3.1	…	3.9	4.2
1000万〜1億円	2.1	1.8	1.8	2.0	…	3.1	3.5
〜1000万円	1.1	0.4	-0.6	0.3	…	2.0	2.6

えば、自動車を造る製造業の利益は、景気の変動によって大きく変動しますが、自動車修理の非製造業は売上も利益も、あまり景気の影響を受けません。このように、非製造業には景気の影響を受けにくい企業が数多く含まれているのです。

企業規模別に売上高経常利益率（経常利益額を売上高で割った値）を見てみましょう。ちなみに「経常利益」とは、企業の売上から仕入れ、人件費、支払い金利などを差し引いた値で、企業の稼ぐ実力を測る指標として使われる数字です。

上の表を見ると、景気動向により利益率は上下しますが、一貫して規模が大きいほうが利益率は高くなっています。大企業のほうが「規模の利益」を享受《きょうじゅ》できる、ということが主因でしょう。1人分の料理を作るより、数人分の料理を作るほうが効率が良い、というわけですね。

しかし、それ以外にも大企業のほうが交渉力が強い、ということも当然あるでしょう。下請けと親会社の関係であれば、親会社のほうが力は強いでしょうし、そうでなくても組み立てメーカーが数多くの零細《れいさい》部品メーカーから部品を調達するのであれば、「一番安い所から買う」と言って、零細メーカーに価格競争をさせることも可能だからです。

●日本企業の国際化は着実に進展

経済の国際化の流れに沿って、日本企業の海外進出は活発です。経済産業省の「海外事業活動基本調査」によると、日本企業が海外に持っている現地法人は2万社を超えています。製造業が半分弱、非製造業が半分強です。地域別に見ると、中国とその他アジアがそれぞれ3割強、北米と欧州がそれぞれ1割強となっています。

現地法人の従業員数は575万人に上っています。内訳としては、製造業が8割を占め、安価な労働力を利用できるアジア諸国での現地生産だけで6割となっています。

一方、売上高を見ると、製造業と非製造業がほぼ同じで、業種別には卸売業が圧倒的です。日本との貿易に従事している商社が、一枚の契約書で巨額の貿易取引をしているのですから、当然のことですね。

従業員数が多く、売上高も多いのは、輸送機器です。たび重なる貿易摩擦を回避するため、欧米での自動車の現地生産が大規模に行なわれていることが主因です。

企業の海外進出のインセンティブは、資源開発、輸出入取引、海外現地生産などさまざまですが、注目度が高いのは海外現地生産です。現地生産のインセンティブは、貿易摩擦を回避する、安価な労働力を利用する、現地市場の成長を取り込む、といったところが主でしょう。従来は欧米での貿易摩擦回避目的の投資が多く、海外現地生産の利益率は高くありませんでしたが、その後は、アジアでの安価な労働力利用が増え、最近では現地市場志向が増えているといわれ、海外現地企業の利益率は国内企業よりも高くなっています。

なお、かつては日本企業の海外投資は買収ではなく、自分で最初から会社をつくるケースが主でした。海外企業と日本企業は、企業文化が大きく異なるので、自前でつくらないと上手にマネージメントできなかったからです。

ところが最近は、海外企業の買収が増加しています。自分でつくるより、買ってきたほうが時間がかからないので「時間を買う投資」などといわれますが、一部には買収先をうまく管理できずに巨額の損失を計上する例なども散見され、自前主義と買収の優劣《ゆうれつ》は、簡単にはつきそうもありません。

企業の利益が振れるのは「固定費」があるから

企業の決算発表を聞いていると、売上が10％増減することは珍しいですが、利益が10％増減するのは普通です。売上よりも利益のほうが増減しやすい理由はさまざまですが、最も重要なのは固定費が存在していることです。

企業の費用は、固定費と変動費に分けられます。変動費というのは材料費などのことで、売上が増えるとそれに概《おおむ》ね比例して増えていきます。固定費というのは正社員の給料などのことで、売上が増えても減っても、原則として増減しません。

美容院は、変動費がほとんどゼロです。客が増えても、増える費用はお湯とシャンプーとドライヤーの電気代くらいでしょう。現在の固定費が8万円、売上が10万円の美容室があるとします。利益は2万円です。翌年、売上高が1割増えて11万円になったとします。固定費は売上高が増えても変化しませんから8万円のままです。変動費は相変わらずゼロです。売上高から固定費と変動費を引いた利益は3万円です。

売上高が10％しか増えていないのに、利益はなんと50％も増えているのです。これが、売上高よりも利益の増減率が高い理由です。もっとも、美味《おい》しい話ばかりではありません。売上高が10

【図3−1−2】美容院の売上と利益の変化例

	昨年	今年	変化率	備考
売上	10	11	+10%	売上高は10%増加
固定費	8	8	±0	固定費は売上高に連動せず
変動費	0	0	――	美容院には、売上に応じて増えるコストなし
利益	2	3	+50%	売上高が10%増える間に50%増加

万円から9万円に10％減っただけで、利益は2万円から1万円に50％も減ってしまうからです。

ここから、さまざまなことがわかります。不況期に、わずかに景気が回復すると非常に高い増益率となり驚くことがありますが、これも固定費の仕業《しわざ》なのですね。不況期の売上高が9万円だとして、毎年1万円ずつ増えていくとしましょう。最初の年は、売上高が9万円から10万円に、利益が1万円から2万円に増えて、100％の増益です。翌年は2万円から3万円への50％増益、翌々年は3万円から4万円への33％増益となり、次第に増益率が下がっていきます。

ある程度以上の売上高になると、社員を1人増員する必要が出てきて、固定費だったはずの人件費が増えてしまいます。もちろん、そこまで売れ行きが増えるのは嬉しいことなのですが、増益率という観点だけで見れば、景気が絶好調の時の増益率は意外と高くないのです。

2 日本的経営

日本企業は「従業員主権」といわれ、終身雇用、年功序列賃金制、企業別組合という特徴があります。これを「日本的経営」と呼びます。企業経営以外にも、長期的な取引関係の重視など、日本企業は国際的な常識とは異なる経営をしています。それなりに合理的な面も持っているため、今でも基本的に続いているのです。

●日本企業は従業員主権

日本企業は、法律的には米国企業と非常によく似ています。ほとんどは株式会社で、「株主が金《かね》儲《もう》けのために会社をつくり、経営者や従業員を雇って利益を稼ぎ、それを配当として受け取る」というものです。しかし、実際の姿は大きく異なっているのです。

米国では、株主総会で「一番金儲けの上手そうな人」を企業経営者に選び、「金儲けに必要な範囲で従業員を雇い、不要になったらただちに解雇して、利益を最大化してくれ」と依頼します。

一方、日本では、会社は従業員の共同体であり、従業員の雇用を守ることが企業の最重要な目的とされています。利益の配分についても、大企業を中心に「お客様」である株主にはそこそこの配当をしていれば良く、企業が儲かったら従業員で山分けする、というのが従来は普通でした。本稿の補論で示すように、利益配分については変化が見られますが、従業員の雇用を守ることは、今でも日本企業の最大の目的であり、「不要になった社員を解雇して、企業の利益を増やして株主が儲けよう」という企業は稀《まれ》なのです。

●日本的経営の特徴は「終身雇用」「年功序列賃金制」「企業別組合」

日本企業の特徴は、「終身雇用」「年功序列賃金制」「企業別組合」の三つだといわれます。これを「日本的経営」と呼びます。

終身雇用は、学校を卒業して就職した企業に定年まで勤め続ける、という制度です。従業員から辞職することは可能ですが、それは稀ですし、企業側から解雇することはさらに稀です。中途採用も例外的ですから、企業の基本は「我が社で一生働きます」という人の集まりなのです。これが企業の一体感や忠誠心を育《はぐく》むわけですが、場合によっては「我が社の常識は世間の非常識」となりかねない点は問題かもしれませんね。

年功序列賃金制は、社員の能力に応じて役職を決めたり給料を支払うのではなく、同期入社は原則として一斉《いっせい》に少しずつ偉くなり給料も上がっていく、という制度です。一体感を保つためには、社員同士を競争させないほうが良い、ということがその理由の一つですが、社員が途中で退職しないように、という仕掛けでもあります。若い時は、会社への貢献より少ない給料で我慢させ、ベテランには会社への貢献より多い給料を支払うことで、生涯所得は適切なものとしつつ、「今、辞職したら損だ」と社員に思わせることができるからです。

これは重要なことです。社員がいつ退職するかわからないと、コストをかけて社員を教育することができません。一方、社員が定年まで勤めることがわかっていれば、若いうちにコストをかけて社員教育をし、長い時間をかけて教育コストを回収することができるからです。

企業別組合は、労働組合が企業ごとに組織されていることです。賃金交渉を企業別組合と企業経営者が行なうわけですから、無理難題をゴリ押しすることは稀です。

なぜなら、無理な賃上げを要求したことで会社が傾いてしまっては、自分たちの長い人生を考えると決して得にはならないからです。これも「会社は家族。和気あいあい、労使が協調して会社の発展に尽力《じんりょく》しよう」という日本企業の文化を担《にな》う制度なのです。

日本的経営は、法律の趣旨に照らしても、米国流の合理主義の観点からも、前近代的なものの

【図3−2−1】離職率と入職率の日米比較

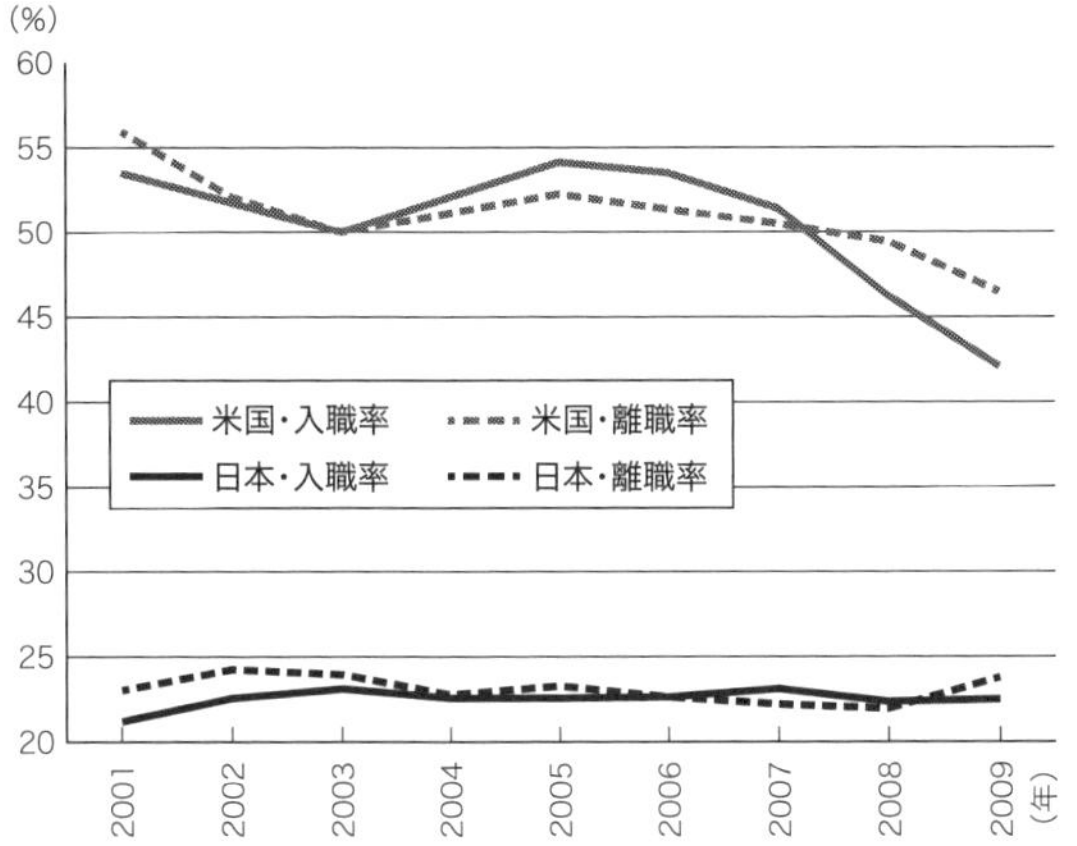

(出所)日銀ホームページ

ように見えますが、それなりの合理性を備《そな》えているため、今でも原則として日本企業の特徴であり続けています。

年功序列賃金制については、変化も見られますが(補論参照)、終身雇用と企業別組合は、意外なほど盤石《ばんじゃく》なものとして、日本企業を特徴づけているのです。

●企業間の継続的取引も日本の特徴

企業と労働者の終身雇用のみならず、企業間の取引も日本では「ウエット」です。大企業は、毎回同じ「下請け」を使います。「部品を調達するたびに入札を行なって一番安い部品メーカーから仕入れる」ほうが合理的に見えますが、継続的取引にもさまざまなメリットがあるのです。

まず、お互いについて、良く知っているということです。入札の場合、大企業は応札してきた部品メーカーの品質（納期を守る誠実さ等々を含む）がわからないので、安いというだけで発注するのはリスクがあります。部品メーカーへの細々《こまごま》した要望をいちいち伝えて相互理解を図るのも面倒です。しかし、毎回同じ下請けならば、「前回通り」のひと言で済むのです。

また、毎回の入札だと、部品メーカーは思い切った設備投資ができません。「今回は運良く受注できたが、次回も受注できるとは限らない。設備投資はリスクが大きすぎる」と考え、躊躇《ちゅうちょ》してしまうのです。これもまた下請けであれば、今後も受注できることが確実なので、自信を持って設備投資に踏み切れますし、資金面でも安心です。銀行は安心して融資してくれるでしょうし、場合によっては親会社が資金の面倒を見てくれるかもしれません。

●銀行との関係も、メインバンクと息の長い取引

日本企業には、ほぼ例外なく「メインバンク」が決まっています。借金をするときは、必ずその銀行から借りる（多数の銀行から借りる場合にも、メインバンクからの借入シェアを最大にする）わけです。預金取引も、送金取引も、主にメインバンクで行ないます。

銀行借入は、前回と異なる銀行から借りようとすると「御社の返済能力を調べます」と言われ、

面倒な書類提出等々を要求されるので、手間の面からしても同じ銀行から借りたほうが便利なのですが、それ以上に重要なのは、メインバンクに恩を売っておくことです。

それにより、会社が傾いたときに、メインバンクが支援してくれると期待するわけです。「今は赤字だが、融資を引き上げずにしばらく様子を見よう」と言ってもらえるのと、「赤字ならただちに担保の工場を競売する」と言われるのとでは、借り手にとっては天国と地獄ですから。

では、銀行は法律的な義務は何もないのに、なぜ借り手が傾いたときに支援するのでしょうか。それは、銀行が評判を気にするからです。「メインバンクなのに、借り手が困ったときに見放した。あの銀行は冷たい」という悪評が広がると、今は自行をメインバンクにしてくれている借り手が他行に逃げてしまうので、商売が難しくなってしまうのです。

メインバンクから借り手に、財務部長が「天下り」することも珍しくありません。銀行員は給料が高いのですが、実質的な定年も早い（多くは50歳代前半）ので、取引先の財務部長として第二の人生を送るわけです。銀行は、借り手が粉飾決算をしていないことが確認できますし、借り手は銀行員の天下りを受け入れて恩を売れる「ウイン－ウインの関係」ですね。最近は減りましたが、上場企業との間で「株式の持ち合い」も行なわれています。友情の証《あかし》であるのみならず、「お互いの株主総会で会社の提案に賛成票を投じよう」という意味もあるわけです。

日本的経営の変質

日本的経営の特徴の中で、終身雇用と企業別組合は、一部の例外を除いて相当堅《かた》く守られていますが、年功序列賃金のほうは、多くの企業で制度としては守られながらも、賃金カーブが緩《ゆる》やかになってきています。要因はさまざまです。

高度成長期には、企業の規模が拡大していたため、中高年社員よりも若手社員のほうが数が多く、社員の1人あたり平均賃金が年功序列賃金によって低く抑えられていましたが、ゼロ成長時代にはそうした効果もなく、衰退産業においては年功序列賃金のせいで社員の平均給与が高止まりしてしまい、企業がいっそう衰退した、といったことも起きたわけです。

バブル崩壊後の長期停滞期には、「グローバル・スタンダード」という言葉が流行し、日本的なものを米国的なものに変えていこうという企業が増えました。そこで、年功序列賃金を成果主義に変更する試みも行なわれましたが、結果はあまり芳《かんば》しくなかったようです。「同僚は皆、仲間なので協力して成果を上げよう」という社内のムードが、「同僚はライバルだから、重要な情報は同僚に教えない」といったムードになってしまった例も多かったといわれています。日本には日本の文化に適した制度があるのだ、ということなのでしょう。

【図3-2-2】企業の利益と従業員の報酬の推移

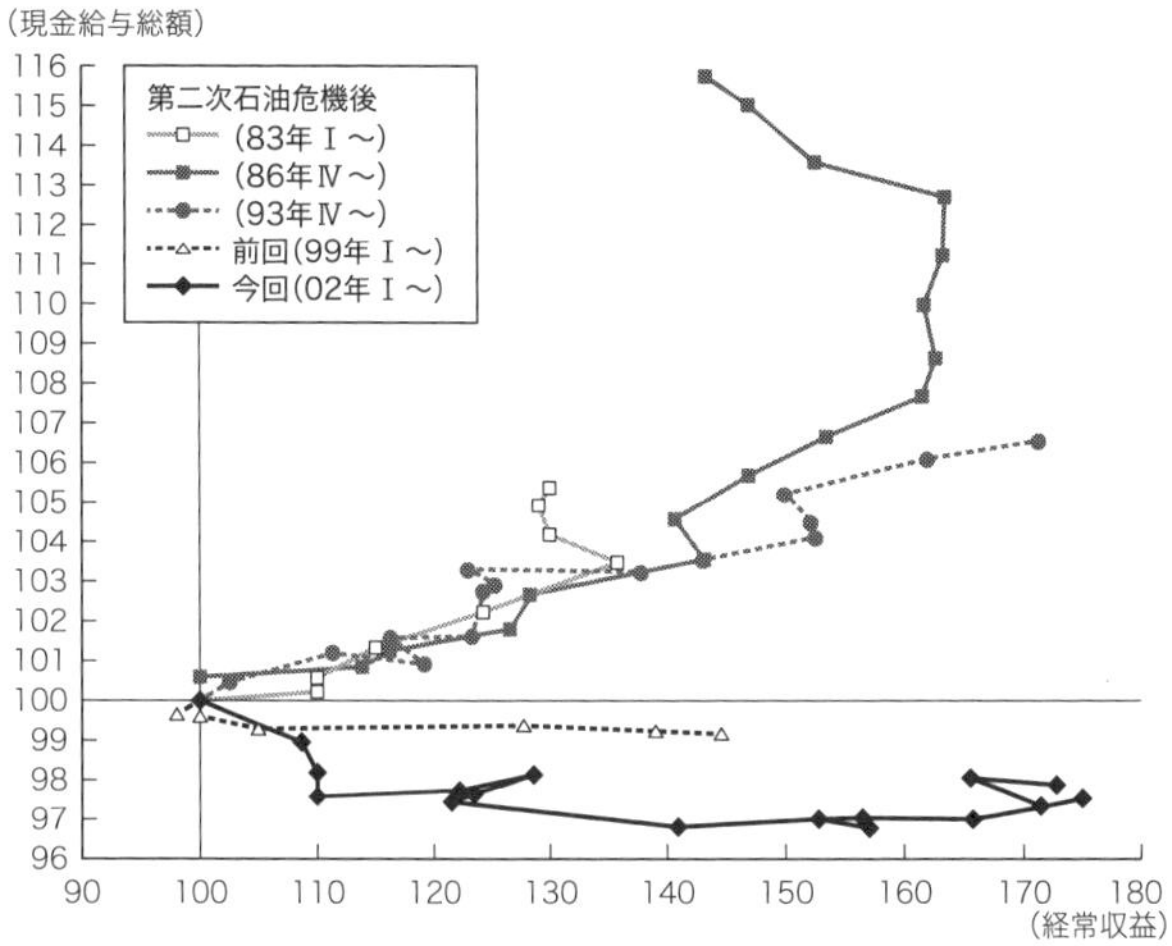

(注)景気の谷の期における数値を100とした、谷の期以降の推移。

(出所)平成23年版労働経済白書(一部変更)

終身雇用に関しては、制度自体はしっかり残っていますが、正社員の数が減る一方、非正規労働者の数が増えているので、その意味では終身雇用でない労働者が増えているということは間違いないでしょう。

最も大きく変化したのは、収益の配分についての考え方です。「グローバル・スタンダード」ブームの影響で、企業は「従業員の共同体」ではなく、「株主の金儲けの道具」だと考える企業経営者が増えたのです。株主に占める外国人のウエイトの高まりも影響しているようです。結果として、日本企業は儲かっても賃上げせずに、株主への配当を増やすようになっています。上の図は、労働者にはショッキングですね。

3 日本の食料問題

食料は、生きて行く上で必要なだけではなく、人生を楽しむためにも必要不可欠です。経済の面でも、食料支出は日本人の消費支出の25％を占めている重要項目です（家計調査による）。農林水産業の国内生産は少ないのですが、加工食品として売られたり、レストランで提供されたりする際に、大きな付加価値がついているのです。

●農林水産業の国内生産は9兆円、飲食料消費は76兆円

農林水産業の国内生産は９兆円です。輸入食料品も、農林水産物は１兆円にすぎません。海外から輸入された加工食品６兆円を加えても、全体で16兆円です。

これらが国内で輸送され、加工され、小売店やレストランで販売されることによって人件費などが上乗せされ、最終的には76兆円の消費支出となっているわけです。これを一つの産業と捉えるならば、超巨大産業です。ちなみに、消費額の内訳は、生鮮食品等が12兆円、加工品が39兆円、外食が25兆円となっています。

ＧＤＰは付加価値額の統計なので、販売額より小さくなりますが、２０１５年の農業・食料関連産業は51兆円となっています。内訳は、農林漁業が６兆円、関連製造業が13兆円、関連流通業が20兆円、外食産業が12兆円となっています。農業・食料関連産業のＧＤＰが日本経済に占める割合は９・７％です。

１９７０年には15・６％でしたから、若干は低下していますが、内訳を見ると、農林水産業が低下している一方、他は概ね一定で推移しています。単身世帯や共働きの増加などで、外食や惣菜などの消費が増えていることが低下を防いでいると思われます。

日本人の食生活の変化としては、食生活の洋風化などの影響でコメの摂取が減っています。コメが余って減反《げんたん》政策が採用されているのも、当然なのですね。

熱供給量ベースのウエイトを１９７０年と２０１５年で比べてみると、コメが37％から22％に減り、肉類が３％から７％に増え、油脂類が９％から15％に増えています。いずれも食生活の洋風化の影響ですが、小麦は12％から14％に増えただけなので、コメがパンに取って代わられた、というわけではなさそうです。

１９７０年と２０１５年を比べると、１人１日あたりの熱供給量は２５２９（キロカロリー、以下同様）から２４１７へ、微減となっています。摂取熱量も、２２１０から１８８９へと大幅に減っています。摂取熱量の減少は、人口に占める若者のウエイトが減り、高齢者のウエイトが増えたこと、健康志向が高まったこと、などによるものでしょうが、気になるのが供給と摂取の差が拡大していることです。

食料の廃棄が増えているのが主因だとしたら、もったいないことです。「賞味期限切れの商品を無料で配れば良い」という意見もありますが、そうなると「賞味期限切れの商品を受け取った顧客が商品を買わなくなる」「万が一、食中毒が発生したら責任がとれない」といったこともあり、なかなか実現は難しいようです。

●食料自給率はカロリーベースで39％

食料自給率は長期的に低下しており、１９７０年には60％であったものが、最近では39％程度となっています。これが「食料安全保障上問題だから、農業を保護しなくてはならない」という論者の有力な論拠となっているのです。

しかし、これはカロリーベースの自給率であって、大量に輸入されている飼料用穀物のカロリーもカウントされているのです。本当に食料危機になったら、牛肉などではなく飼料用穀物（トウモロコシ等々）を人間が食べれば良いのですから、眉唾《まゆつば》です。

そもそも、世界の主な食料輸出国は日本の友好国が多いですし、輸送ルートにもとくに問題はありません。エネルギー、とくに原油の輸入相手国がアラブ諸国に集中していて、輸送ルートもホルムズ海峡を通過するものが多いのと比べると、圧倒的に安心です。

いくら農業を保護したとしても、石油の供給が止まればトラクターは動きませんから、農業生産が止まってしまいます。また、農業従事者の多くが高齢であることを考えると、遠からず農業従事者が激減し、農業生産も減っていくでしょう。

そこまで考えた上で、なおかつ巨額の費用を農業保護に使うべきかは、大いに議論されるべきだと筆者の個人的な意見としては思います。

●国民経済に占める農業のシェアは一貫して減少

戦争直後、都市が焼け野原になっていたこともあり、日本経済は農業が大きなシェアを占めていたはずです。その後、高度成長によって都市が発展し、「金の卵」たちが農村から都会に働きに出てきて、急激に農業のシェアは低下しました。

しかし、その後も農業のシェアは低下を続けたのです。次ページの図は、1970年から20

【図3−3−1】国民経済における農業のシェアの変遷

	1970年	1985年	2000年	2015年
国内総生産	4.4%	2.4%	1.3%	0.9%
輸出総額	2.0%	0.4%	0.3%	0.6%
輸入総額	22.2%	13.0%	9.7%	8.4%
総世帯数	19.0%	11.5%	5.0%	2.4%
総人口	25.1%	16.4%	8.2%	3.8%
就業者数	15.9%	7.6%	4.5%	3.2%
総固定資本形成	5.4%	3.9%	2.8%	1.5%
国家予算	10.8%	5.1%	3.2%	1.7%

（注）国内に占めるウエイト。（出所）平成28年度食料・農業・農村の動向 参考統計表

１５年にかけての農業関係のシェアを示したものですが、一貫して低下しています。

●日本の農業は生産性が低い産業

現在、ＧＤＰに占める農業のシェアは０・９％、就業者数に占める農業のシェアは３・２％にまで低下しています。ちなみに、０・９％のＧＤＰを生み出すために３・２％の就業者が働いているということは、農業の生産性が低いということです。

最新鋭の工場で全自動ロボットが次々と製品を作り出しているような産業と比べて生産性が低いのは当然ですが、それ以外にも要因は多数あります。日本の農家は土地が狭いので、非効率なのです。巨大な農場に、ヘリコプターから肥料を撒《ま》いているような米国の農家とは生産性の格差が歴然

としています。戦後の農地解放には、経済民主化という大きな目的がありましたから、ぜひとも必要だったのでしょうが、負の側面が今でも残っているということでしょう。

筆者の私見ですが、非効率な農家には、農業を続けるための補助金を支払うのではなく、離農を促すための報奨金を支払うべきだと思います。民間企業の「割増退職金」の発想です。これにより退出した非効率農家の土地を、大規模経営を志す農家（または農業法人）が借り受けて、効率の良い農業を行なっていければ、高齢化による農業人口の減少をある程度補《おぎな》えると考えています。

こうして農業の生産性を上げることができれば、輸入関税を引き下げることが可能になり、消費者にとって大きなメリットが見込まれるでしょう。

「農業は生きがいだから離農しない」「先祖代々の土地は手放したり他人に貸したりしない」といった農家も多そうですから、実現は容易ではないかもしれませんが、政府は消費者の利益を含めた国益を考えて決断していただきたい、と思います。

とくに、離島や山間部の超過疎地で農業を営んでいる人には、都会に移り住んでもらうようお願いすべきです。当然、「住み慣れた土地を離れるのは嫌だ」という人は多いでしょうが、これは単に農業の生産性の問題にとどまらず、超過疎地を維持するための行政コストの削減にもつながりますから、多額の報奨金を支払ってでも実現すべきだと考えます。

農業従事者は少ないのに、農産物の輸入自由化は難しい

農産物の輸入が自由化されれば、非農家は輸入農産物が安くなるので喜ぶはずです。一人ひとりの受ける利益は小さいかもしれませんが、人数が多いので全体としての利益は大きいはずです。加えて、国際交渉で「農業を自由化するから、貴国は工業製品の関税を下げてくれ」と主張することができれば、工業製品を輸出しやすくなる製造業もメリットを受けるはずです。

一方で、日本の農業は、あまり儲かっていないはずです。「狭い農地で非効率な農業をやっているからこそ、輸入関税で保護する必要があるのだ」ということを逆から考えれば、儲かっているはずがありません。それならば、農産物の輸入を自由化されても、それほど困らないはずです。

農業従事者は高齢者が多いので、彼らは引退すれば良く、失業に悩むこともなさそうです。

このように、日本全体としてはメリットのほうが大きいはずで、経済学者の多くは農産物の輸入自由化に賛成しているのです。

それなのに、なぜ自由化は進まないのでしょうか。それは、政治家が農業関係者の意見を聞くからです。農業就業者は全体のわずか3%です。しかし、農業関係者は発言力が強く、たとえば農産物の輸入自由化などは非常に難しい政策課題とされているのです。

農業関係者は、農産物自由化が主な関心事項ですから、選挙の時には候補者が農産物自由化に賛成か反対かに注目します。業界全体として失う利益は小さくても、受ける損害が少数の人に集中するからこそ、票に繋《つな》がっているのです。仕事の生きがいを失うことへの反発もあるでしょう。

一方、都市の住民や製造業の労働者にとっては、わずかに食費が減る程度の話ですから、農産物の輸入自由化はさまざまな関心を持っている中の小さな一つにすぎず、候補者が賛成か反対かで投票先が変わる可能性は大きくありません。非農業者の受けるメリットは大きいのですが、大勢に分散してしまっているからです。

日本の場合、「一票の格差」も影響しています。高度成長期以降、農村部から都会への人口移動が進みましたが、選挙区の区割りには農村部出身の議員が反対するため、農村部の議員定数は有権者数に比べて多くなり、都市部は少なくなります。そうなると、農業人口の少なさにもかかわらず、農村部の議員定数が多くなり、与党の中で農村部出身議員の意向が通りやすいのです。

流行《はや》りの「行動経済学」では、人間は100円儲かる嬉しさより、100円損する悔《くや》しさのほうが大きいそうです。そうだとすると、実際の金額的な損得はさておいて、農産物が安く買えるようになる都市部住民の嬉しさより、農産物が売れなくなってしまう農業関係者の悔しさのほうが大きい、ということもあるのかもしれませんね。

4 日本のエネルギー事情

日本は、省エネという面では世界の優等生ですが、エネルギーの大半を化石エネルギーに頼っており、その大半を輸入しています。最近では原子力発電所の多くが稼働を停止しており、状況は悪化しています。これは、エネルギー安全保障の観点からも地球温暖化等の観点からも、深刻な問題です。

●エネルギー効率は長期的に改善中

高度成長期には、「石油を大量に使って大量に生産して大量に消費する経済」が確立しました。そのタイミングで石油ショックが発生したため、日本経済は深刻な打撃を受け、省エネを迫《せま》られることになりました。日本経済全体が、重厚長大産業中心から軽薄短小経済中心へと大きく舵《かじ》を切ったわけです。その結果、高度成長期には急激に伸びていたエネルギー消費量が、安定成長期には伸び率を大幅に鈍化《どんか》させせました。

【図3−4−1】最終エネルギー消費の推移

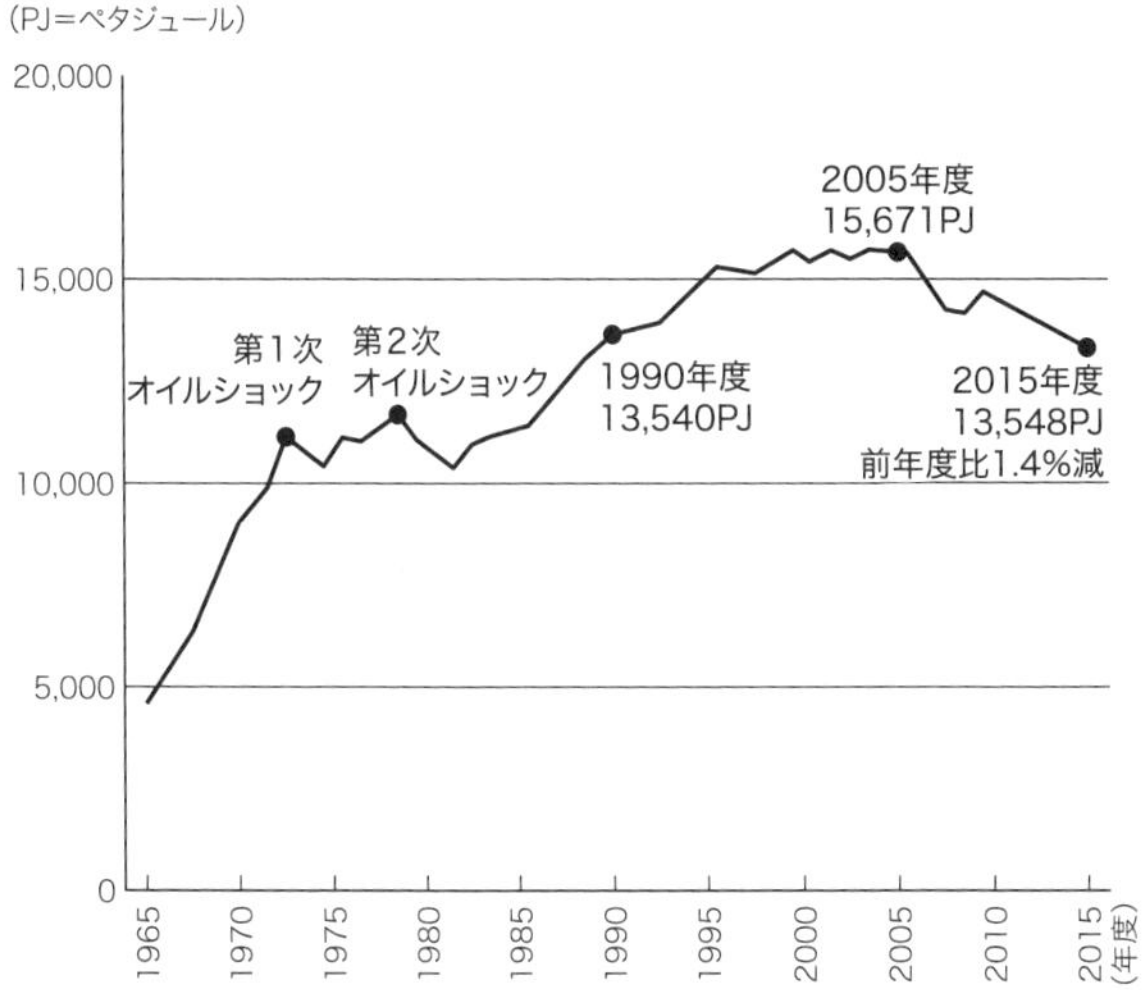

(出所)経済産業省ホームページ

バブルが崩壊すると、経済自体が成長しなくなる一方、省エネ技術は引き続き発展を続けたため、エネルギー消費は増えなくなりました。そして最近では、原発の稼働停止などを受けて省エネムードが高まったこともあり、エネルギー消費は減っています。2005年からの10年間だけでも、実質GDPあたりの一次エネルギー国内供給は2割近く減っているのです。

経済がサービス化しつつあることも、経済規模の割にエネルギー消費量が伸びない要因の一つとなっています。今風に言えば「モノ消費からコト消費へ」ということなのでしょうが、経済が成熟化して人々が豊かになっていくと、モノよりもサービスを欲しがるようになり、供給側も需要側の変化に応じてサービス業のウエイトが上がっていく、という傾向があります。平均すれば製造業よりもサービス業のほうがエネルギーを使わないので、経済のウエイトが製造業からサービス業へ移っていくことで、ＧＤＰあたりのエネルギー消費が減っていく、というわけですね。

●エネルギー安全保障は極めて脆弱

エネルギー総供給に占める化石エネルギーの依存度は以前から高かったのですが、原子力発電所があいついで稼働を停止したために依存度はさらに上がり、２０１５年では92％となっています。日本は化石エネルギーがほとんど採《と》れないため、ほぼ全量を輸入に頼っています。

石炭や天然ガスは、友好国からの輸入が多く、輸送ルートも比較的安全なのですが、問題は石油です。エネルギー総供給に占める割合は、石油だけで41％となっていますが、その輸入相手国がアラブ諸国に偏《かたよ》っており、しかも輸送ルートがホルムズ海峡を通るものが非常に多いのです。

これは、エネルギー安全保障が非常に脆弱《ぜいじゃく》であることを物語っています。石油の輸入が止まると、トラクターが止まり、食糧生産が大きく落ち込むでしょうから、これは食料安全保障にも重大な懸念であるといえるでしょう。

【図3−4−2】1次エネルギー国内供給の推移

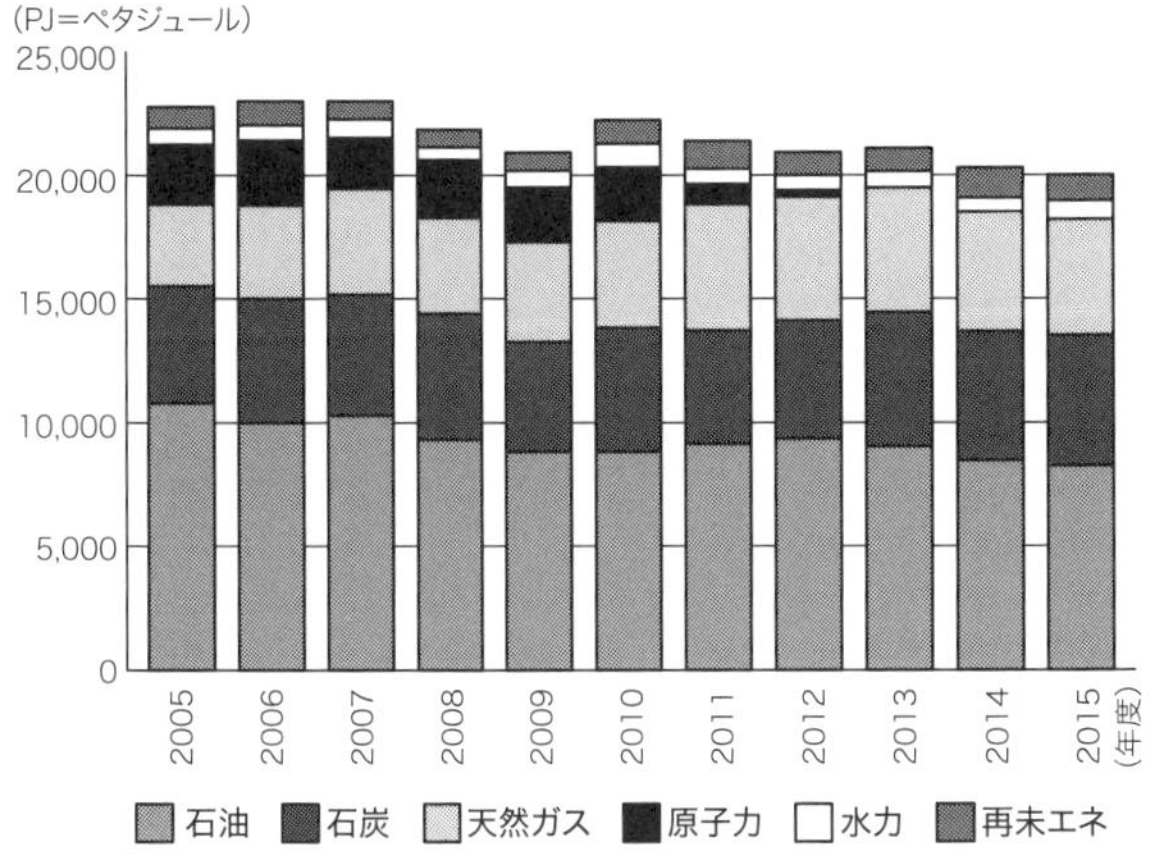

(出所)経済産業省ホームページ

明るい材料としては、米国のシェールガス、シェールオイルの生産が順調に増加し、世界のエネルギー需給に大きな影響を及ぼしつつあることがあげられます。原油価格は、2010年代前半は1バレル100ドル程度で推移していましたが、最近では50ドル前後で推移しています。供給面でも同盟国である米国でエネルギー供給が増えることは、日本のエネルギー安全保障にとって大きな安心材料でしょう。

原油価格が下落して、油田を持つ会社を買収しやすくなったことなどから、政府は、2016年に法改正を行ない、海外の資源開発企業の買収などにより、日本のエネルギー産業の国際競争力を強化しようとしています。日本企業が海外に油田の権益を持つことで、エネルギー安全保障が高まることが期待されます。

そして、日本近海には大量のメタンハイドレード（燃える氷）があります。採掘《さいくつ》技術が進歩し、採算がとれるようになれば、日本のエネルギー自給率は大幅に改善します。そこまで行かなくても、エネルギー安全保障という観点からは、「高くても自国内に入手可能なエネルギーがある」というだけで、大きな安心材料です。時間はかかりそうですが、採掘技術の進歩に期待しましょう。

●地球温暖化の観点から求められる非化石燃料の活用

人類が化石燃料を大量に消費していることで、大気中の二酸化炭素濃度が上昇し、これが太陽から来た熱を閉じ込める「温室効果」を持つため、地球の温度が上昇するといわれています。そうなると、南極等の氷が解けて海水面が上昇するかもしれません。

世界の大都市の多くは水辺にあるため、海水面が数メートル上昇すると甚大《じんだい》な被害が発生しかねません。それ以外にも、巨大台風が増える、熱帯地方の風土病が南の生き物に寄生して北上し、免疫の乏《とぼ》しい温帯先進国で大流行する、等々が懸念されます。

このため、世界各国で地球温暖化を防止するための二酸化炭素排出量削減努力が行なわれています。日本でも省エネは進んでいますが、化石燃料以外の活用状況は今ひとつです。

一次エネルギー国内総供給に占める非化石燃料のウエイトは、２０１０年の19％から２０１５年の９％へと大きく落ち込みました。11％程度であった原子力発電が激減したためです。この比率を高めるべく、太陽光発電による電気を高値で買い取ることによって太陽光発電の投資を促す制度なども作られましたが、制度の細部に問題があり、あまりうまくいっていないようです。原子力発電については一部が再稼働していますが、極めて慎重に取り扱われており、従来のように日本のエネルギーの柱の一つとなることは考えにくいでしょう。

太陽光や風力などの自然エネルギーは、エネルギー全体の２・５％しかありません。10年前には１・２％であったので「倍増」ではありますが、「焼け石に水」ですね。地熱エネルギー、廃棄物エネルギー回収等も、ほとんど進んでいません。

●電力・ガスの小売が全面自由化

電力とガスは、従来は地域独占でした。大規模に発電するほどコストが下がる、といった理由からです。しかし、２０１６年から電気の、２０１７年からはガスの小売が全面自由化されました。これにより、エネルギー企業が相互参入して電力とガスをセットで販売することや、異業種からの参入などが見込まれます。競争により、電力やガスの価格が下がることを期待しましょう。

日本経済のエネルギー効率は世界でも優等生

日本経済は、石油ショックにより大きな打撃を受け、重厚長大産業から軽薄短小産業へと大きくウエイトを移していきました。同時に各産業が省エネに取り組んだため、製造業生産に比べて製造業のエネルギー消費量が大きく減りました。

加えて、日本経済のサービス化により、GDPの伸び率と比べた製造業の伸び率が低く抑えられたことも、GDPと比較したエネルギー消費量を減らす効果がありました。製造業よりサービス業のほうが、エネルギー依存度が低いからです。

さらに、プラザ合意以降に活発化した国際分業も影響しているはずです。それぞれの国が得意なモノを大量に作って輸出し、不得意なモノを輸入するわけですから、日本は得意とする技術集約的製品を輸出し、エネルギー多消費的製品を輸入するようになりました。国内で使うモノが変化しなくても、日本経済が消費するエネルギー自体は減る、ということも起きていたのでしょう。

実質GDPあたりのエネルギー消費量を国際比較すると、日本は世界平均の半分以下であり、先進国の中でも低いほうです。これは素晴らしいことです。

もっとも、1990年以降の変化率で見ると、あまり減っていません。1990年時点ですで

【図3−4−3】製造業のエネルギー消費と経済活動

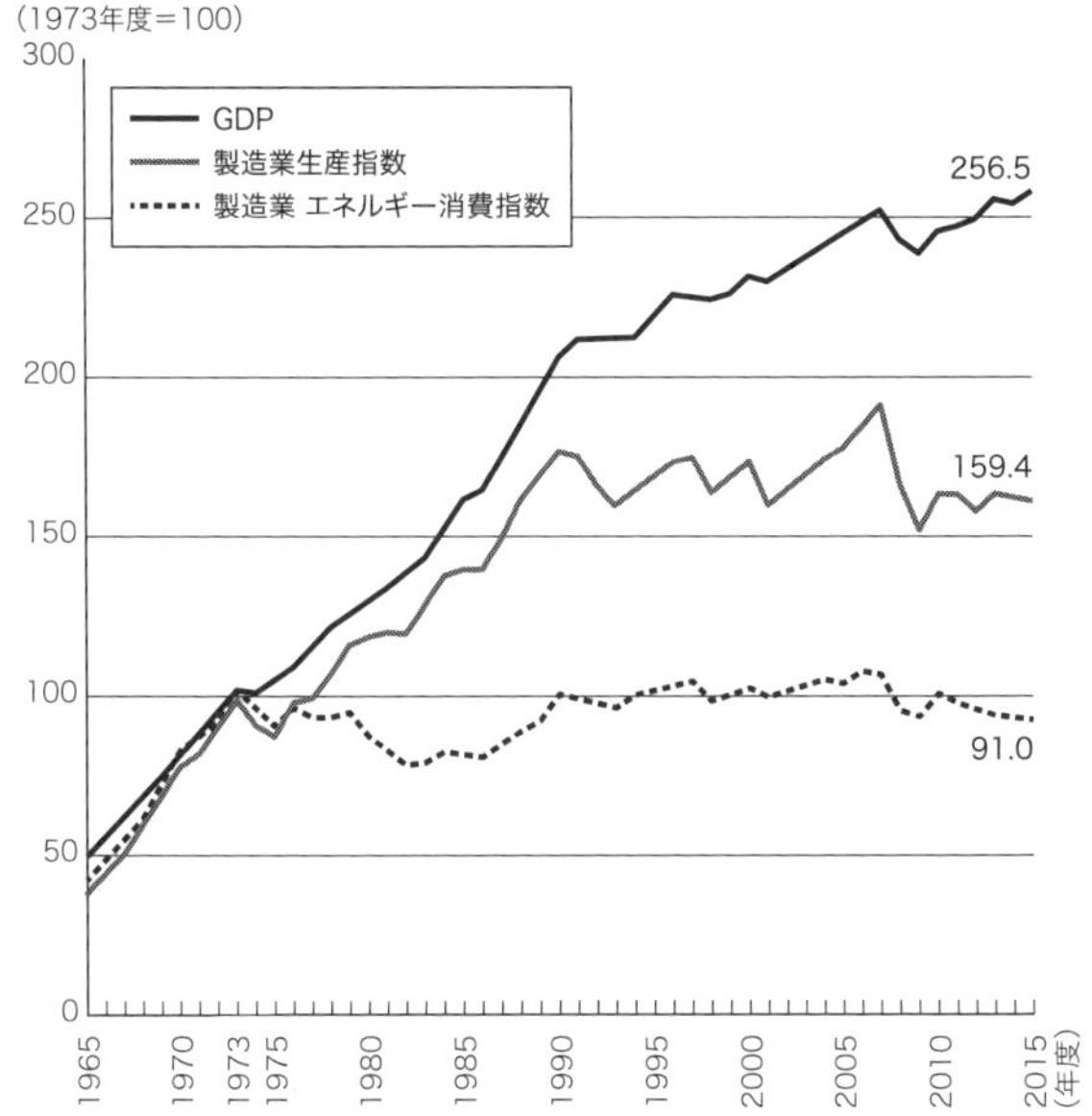

(出所)経済産業省資源エネルギー庁ホームページ

に低かったことが理由です。余談ですが、じつはこれが、地球温暖化防止の国際会議では日本への逆風となっています。「1990年に比べて二酸化炭素の排出量をどれだけ減らすか」という目標を各国が提出すると、原子力発電所が止まったこともあり、日本だけ減り方が少ないからです。

もっとも、1990年と比較した数値を使う必要はないわけで、欧米先進国が交渉を有利に進めるために1990年と比較した数値を使おうと提案し、日本が飲まされた、ということかもしれません。

5 金融の役割

「金融は経済の血液だ」といわれます。金融機関が機能不全になると、借金することができず、倒産する企業が出かねないからです。銀行は預金を集めて融資をするのが本業ですが、最近では、最もお金を借りているのは日本政府（財政赤字）です。

●お金が余っている人から足りない人へ融通するのが金融

お金（日本銀行券等）がなかったら、不便です。筆者はお酒を飲みたいときに、「日本経済について勉強したがっている酒屋の主人」を探さなくてはなりません（笑）。お金というものがあるからこそ、筆者は本を書いて印税を稼ぎ、そのお金を持って酒屋に行き、お酒が飲めるのです。日本銀行に感謝です。

その上で、お金の余っている人（金持ちという意味ではなく、当面使う予定のない人）から足りない人へ、資金を融通するのが「金融」です。お金を借りられるのは、通常は返済できそうな人だけですから、借りるほうが貸すほうより豊かである場合も多いのです。

資金の調達は、銀行借入が普通です。銀行は、預金を集めて融資をするのが本業です。融資先と預金者が直接契約するわけではないので、融資先が倒産しても預金者は損をしません。こうした金融は「間接金融」と呼ばれます。

企業が株券を発行し、資金を調達する場合もあります。証券会社が株券の買い手を探しても、買い手と企業が直接契約を結ぶので、企業が倒産すれば買い手が損をします。証券会社は「仲介」するだけで自分は契約の当事者とならないため、こうした金融は「直接金融」と呼ばれます。

金融は経済の血液だ、といわれます。金融機関が何らかの事情で金融の仲介ができなくなると、借り手企業が倒産して経済全体が大混乱に陥《おちい》る可能性があるからです。実際、バブル崩壊後の金融危機などの時には、金融機関が弱ったことで、実体経済が混乱しました。

●銀行の本業は利ざやを稼ぐこと。証券会社は顧客と顧客の「仲人」

銀行は、預金を集めて預金者に低い金利を払い、それを高い金利で貸して利ざや（貸出と預金の金利差）を稼ぐのが本業です。利ざやの中から、銀行のコストと貸し倒れ損を差し引いたぶんが銀行の利益になります。

銀行が利ざやを稼げるのは、情報仲介の対価と考えて良いでしょう。誰が預金をしたがっていて、誰がお金を借りたがっているのかが明らかではなく、借り手に返済能力があるのか否《いな》かが預金者には見分けがつかない、という状況では資金が円滑に流れません。

そこで銀行が「預金したい人も借りたい人もいらっしゃい。借りたい人の返済能力は銀行が調べるから」という商売をしているわけです。大企業なら、株式や社債を発行して証券会社に仲介してもらうこともできますが、中小零細企業には、そのようなことは難しいでしょうから。

もっとも最近は、貸出金利の引き下げ競争が激しくなっているため、各行とも利ざやが十分に稼げません。国債の利回りも低いため、預金を集めて国債を買っても儲かりません。そこで各行は、投信や保険の販売などで手数料収入を稼ぐことに注力しているのです。今は景気が良いので貸し倒れ損失が少ないですが、次の不況期には倒産が増加して銀行の貸し倒れ損失が増えることが予想されます。銀行は本来、「好況時には借入需要が殺到して高い利ざやが稼げる。その儲けで次の不況期に備える」ビジネスなのですが、それができていないのは心配です。

銀行には、メガバンク（世界中に支店網を持ち、幅広いビジネスを行なう巨大銀行）、地方銀行（各県に概ね1行）、第二地方銀行（各県に概ね1行）、外資系銀行、インターネット専門銀行、等々があります。信用金庫、信用組合も、概ね地方銀行と同様の業務を行なっています。

メガバンク、地方銀行、第二地方銀行、信用金庫、信用組合は、いずれも預金を集めて貸出をするのが本業で、上記の順に規模が大きく、取引先の規模も大きくなっています。規模が小さいほど、地元に密着した経営を行なっているといって良いでしょう。外資系銀行は、国内での支店網は小さい一方、本国との取引に強みを持っています。インターネット専用銀行は店舗網を持たず、そのぶんだけ手数料の安さなどのサービスを強みとしています。

保険会社も銀行と似たような役割を果たしています。顧客が保険料を支払ってから保険会社が保険金を支払うまでの間、保険会社には巨額の資金があります。これを金庫に入れておくのはもったいないので、融資に使っているのです。株式投資などにも使っていますが。

証券会社の本業は、二つあります。一つは、新しく株式や社債を発行する「借り手」と「投資家（貸し手）」の間を仲介する仕事です。これは、比較的大きな証券会社が主に行なっています。そして、もう一つは、すでに株券や社債等を持っている投資家が売り注文を出し、それに対して買い注文をマッチングさせる仕事です。自分でマッチングさせるわけではなく、証券取引所に注文を流す仕事なので、小さな証券会社でも従事しています。

証券会社の本業は、いずれの仕事も顧客と顧客の間を取り持つだけで、自らは取引の主体とはなりません。もっとも、自分でも株式投資をしたりすることはありますが。

●日本で資金を借りているのは政府

資金の余っている人から足りない人へ資金を融通することが金融だとすれば、誰が誰に貸しているのか、ということが問題となります。「家計が老後のために貯蓄をし、それを企業が設備投資のために借りる」というのが最も普通の金融なのでしょうが、今の日本の金融はまったく異なった姿となっています。

家計部門は、現役世代が老後に備えて貯蓄をしている一方、高齢者世帯が貯蓄を取り崩しているため、家計部門全体としては、それほど多額の資金の貸し手とはなっていません。もちろん、残高（ストック）としては巨額の貯蓄を持っていますが、毎年の出入り（フロー）を見る限り、もはや主な貸し手とは言えない、ということです。

企業部門は、減価償却の範囲内でしか設備投資をせず、利益は銀行借入の返済に使っているので、毎年の資金の出入りを見ると巨額な貸し手となっています。経済がゼロ成長ということは、企業の設備の規模は一定ですが、銀行にとっては融資が返ってきてしまうので、規模が縮小してしまう由々しき事態なのです。

企業が借金を返済しているぶんを、新たに毎年借りているのが政府です。これは決して望ましいことではありません。企業が借金をして工場を建てるのは、生産のためであり、将来返済の目《め》

【図3−5−1】部門別資金過不足の推移

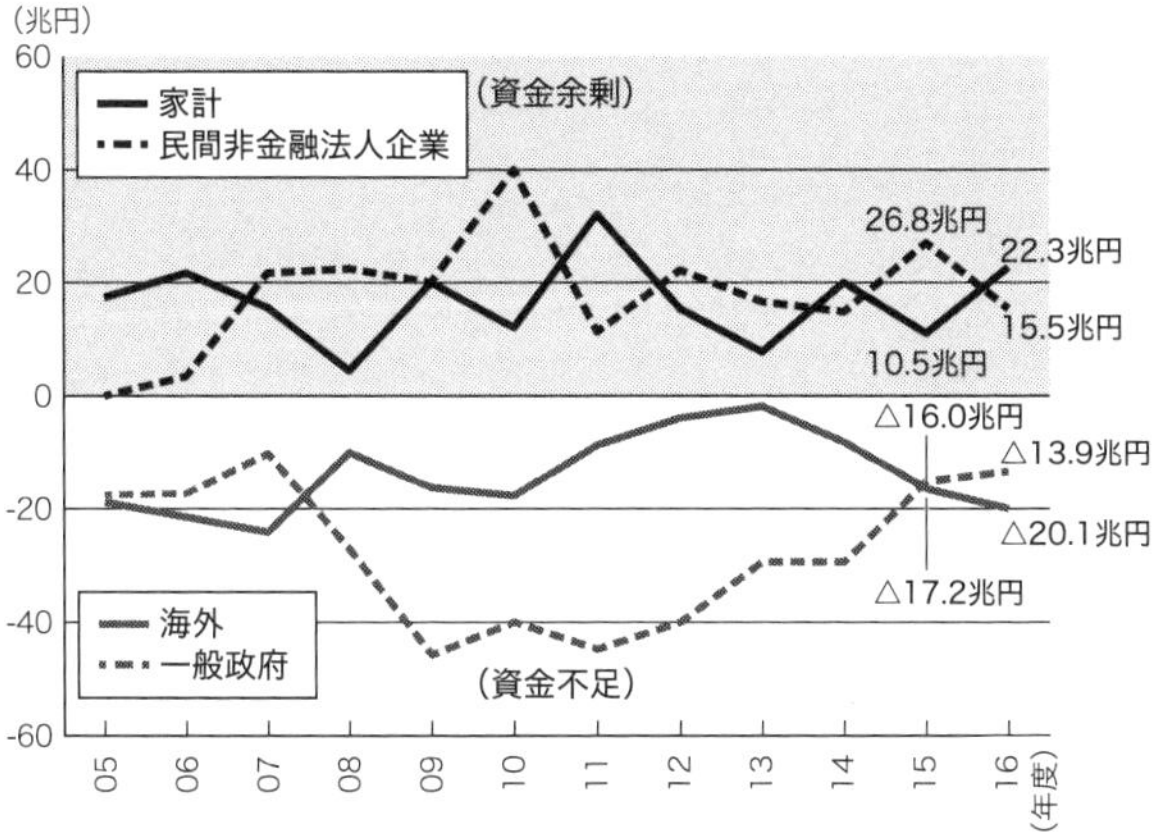

(出所)日銀ホームページ

処《ど》が立っている借入ですが、政府が赤字の穴埋めのために借りているのは日本経済の成長に役立ちませんし、返済の目処が立っていない借入です。余談ですが、銀行にとっても、政府の借金は金利が非常に低いので、決して嬉しいものではありません。

ちなみに、海外部門は資金の借り手です。日本の経常収支が黒字だということは、そのぶんだけ日本国が海外に資金を貸している、ということになるからです。

金融部門は、巨額の資金が出入りしていますが、原則として出入りが同額なので、部門としては資金の貸し手であったり借り手であったりするわけではありません。資金の通り道という意味では、導管のようなものですね。

日本の家計は預貯金が大好き

日本の家計の金融資産の内訳を見ると、預貯金が圧倒的です。保険も結構持っていますが、株式などはほとんど持っていません。日本の銀行預金の金利は非常に低いので、長い目で見れば株式などのほうが得になる可能性が高そうですが、株式投資は損をする可能性があるので嫌だ、という人が多いのでしょう。日本の場合、金融資産が高齢者に偏《かたよ》っていて、高齢者はとくに保守的なので株式投資の損を嫌う、ということも影響していると考えられます。

一方で、米国の家計の金融資産の内訳を見ると、株式などの比率が高くなっています。預貯金では資産が増えないのだから、株式に投資して資産を増やそう、ということです。欧州は、日本と米国の中間ですね。

日本人はリスクを嫌う傾向が強く、米国人はハイリスク・ハイリターンを狙う傾向が強いのでしょう。何といっても、頼まれもしないのに危険な大西洋を渡り、先住民族と戦いながら一攫千《いっかくせん》金《きん》を目指した人々がつくりあげた国ですから。

もっとも、米国人のハイリスク・ハイリターン志向が米国経済の活力の源であることは確かであって、日本人ももっと株式投資をすべきだ、と考える人も大勢います。政府も、「貯蓄から投資

【図3−5−2】資金循環の日米欧比較

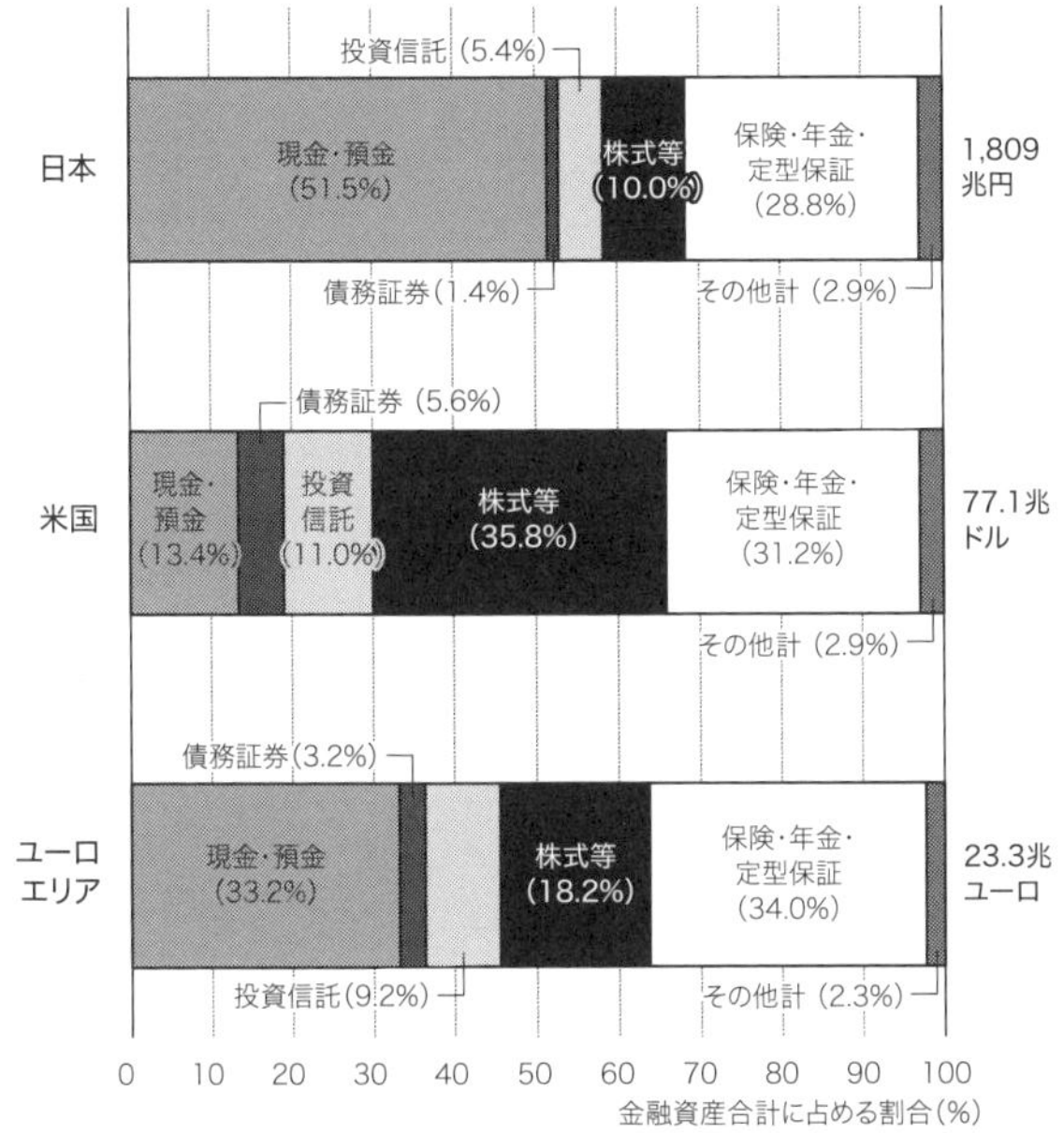

（注）「その他計」は、金融資産合計から、「現金・預金」「債務証券」「投資信託」「株式等」「保険・年金・定型保証」を控除した残差。

（出所）日銀ホームページ

へ」「貯蓄から資産形成へ」をスローガンに掲《かか》げて、さまざまな優遇税制を設けるなど、工夫と努力をしていますが、なかなか効果が上がっていないようです。

日本人は「投資」と聞くと「投機」を想像してしまうのでしょうね。短期売買は投機に近いですが、長期投資は投機とまったく異なるものです。

その区別を広く知ってもらうことが必要だと思われます。

6 日本の貿易

日本の貿易収支は、基本的に黒字です。かつては主に原材料を輸入して製品類を輸出していましたが、プラザ合意以降は国際分業が進み、製品類の輸入も増えています。貿易額を相手地域別に見ると、アジアが圧倒的に大きくなっています。

●貿易収支は、長期にわたって黒字基調を維持

日本の貿易収支は、高度成長期以降、基本的に黒字を続けています。高度成長期には新しい工場ができて輸出競争力が強くなり、加工貿易（原材料を輸入して加工し、製品を輸出する）体制が確立しました。資源の乏しい日本は、国内で使う資源を輸入するための外貨を得ようと、輸入した資源を加工し、製品として輸出することで加工賃を稼いでいたのです。

プラザ合意以降の急激かつ大幅な円高を受け、それまで資源や食料に偏っていた日本の輸入が変化し、アジア諸国からの製品類の輸入が増え、日本の貿易が国際分業型になりました。アジア地域の技術進歩にともなって、輸入品が労働集約型製品から技術を要する製品にも広がりつつありますが、それを上回る技術集約型製品を日本が輸出しているという国際分業の構図は続いています。

もっとも、最近では日本企業が「消費地で作る」傾向を強めつつあり、海外現地生産の増加とともに貿易収支が圧倒的な黒字であった時代は終わり、「原油価格や円相場によっては時々貿易収支赤字になるものの、基本は黒字」といった状況になっています。

●リーマン・ショックと原発事故で貿易収支が赤字に

リーマン・ショックにより、日本の貿易収支は概ねゼロ（月により赤字）になりました。欧米等の景気悪化で輸出が激減したことに加え、大幅な円高によって日本製品の輸出競争力が低下したことも痛手でした。

その後、輸出は多少回復しましたが、今度は輸入が増えてしまいました。東日本大震災による原発事故を契機として日本中の原発が停止したため、そのぶんを火力発電で補《おぎな》わなければならず、火力発電の燃料の輸入が著《いちじる》しく増えたためです。その後、しばらくは輸入燃料などにより、貿易収支の赤字が続きました。

アベノミクスによる円安ドル高で、貿易収支が改善するかと思われましたが、円安が輸出数量を増やす効果、輸入数量を減らす効果が表れるのに時間がかかりました。貿易収支が年ベースで黒字になったのは、2016年のことです。

円安ドル高なのに輸出数量がなかなか増えなかった一因は、円高時に計画された現地生産の工場が、円安になってから完成し生産を開始したことなどにあるようです。また、円高時に無理をして輸出をしていた企業は、円安になっても値下げをせず、採算の回復を優先したので輸出数量が増えなかった、ということもあるようです。

●輸出は機械類が中心。輸入も製品類が中心

日本製品は品質の高さで人気があります。輸出を品目別に見ると、自動車が全体の14・2%と極めて重要な輸出品であることがわかります。現地生産用に輸出される自動車部品なども合わせると、輸送用機器が輸出全体の4分の1を占めています。

その他にも、原動機などの一般機械、半導体などの電気機器など、機械類が多く輸出されていますが、鉄鋼や化学製品なども、品目によっては高品質を武器に高い競争力を持っています。

輸入品も、今では製品類が3分の2を占めるようになっています。日常使っているものも、家電

【図3−6−1】日本の主な輸出品目（2016年）

品目	金額	構成比
総額	70.0兆円	100.0%
うち　原料別製品（鉄鋼など）	7.8兆円	11.2%
うち　一般機械（原動機など）	13.6兆円	19.4%
うち　電気機器（半導体など）	12.3兆円	17.6%
うち　輸送用機器 （うち乗用車）	17.3兆円 （10.0兆円）	24.8% （14.2%）
うち、その他	19.0兆円	27.0%

製品や衣服などは輸入品が多いことを考えると、納得ですね。

鉱物性燃料は、かつては輸入に占めるウエイトが非常に大きかったのですが、最近では輸入全体に占めるウエイトは（原油価格の変動により輸入金額が大きく振れますが）2割前後となっており、製品類と比べれば存在感はそれほど大きくありません。

●地域別は輸出入ともアジアが約半分。主な相手国は中国と米国

日本の最大の貿易相手地域は、輸出も輸入もアジア（中近東、ロシア東部を除く）です。輸出入共に約半分をアジアが占めています。アジア地域は経済成長・発展が目覚ましく、日本との貿易も急激に増加しつつあるのです。

アジアの中では、中国（香港を含む）との貿易が多く、中国は輸出入共に米国を上回り第1位の貿易相手国となっています。次いで多いのは韓国、台湾、タイなどです。

アジアからの輸入は労働集約型製品などが多くなっています。また、アジア向けの輸出は、設備機械や心臓部の部品、高品質の素材などが多くなっています。日本から輸出された設備機械や部品などを用いて生産されたモノは、現地で販売されたり、日本や欧米向けにも輸出されています。

地域別の第二位は北米、第三位は西欧です。米国は世界最大の輸入大国で、日本との経済的な関係も深く、貿易額も非常に大きかったのですが、過去30年以上も増えていません。かつて貿易摩擦が激しかったこともあり、日本企業が米国での現地生産や中国工場からの迂回《うかい》輸出などにシフトしたことが原因と思われます。

西欧は、経済規模は大きいのですが、日本との距離が遠く、産業構造が比較的似ていることもあり、国際分業が今ひとつ進展せず、貿易額は対中国を大きく下回っています。

対アジア、対米の貿易収支は、いずれも黒字です。西欧および中国（含む香港）との貿易収支は、概ね均衡しています。

一方、中東とオセアニアとの貿易は、資源の輸入（中東の石油、天然ガス、オーストラリアの石炭、鉄鉱石など）が多いため、大幅な赤字となっています。

【図3−6−2】日本の主な輸入品目(2016年)

品目	金額	構成比
総額	66.0兆円	100.0%
うち 食料品	6.4兆円	9.6%
うち 原料品(鉄鉱石など)	4.0兆円	6.1%
うち 鉱物性燃料 (うち原油・粗油) (うち液化天然ガス)	12.1兆円 (5.5兆円) (3.3兆円)	18.2% (8.4%) (5.0%)
うち 製品類 (うち電気機器)	43.5兆円 (10.8兆円)	65.9% (16.3%)

【図3−6−3】主な貿易相手地域(2016年)

輸出先		輸入先	
アジア	53.0%	アジア	50.3%
うち中国・香港	22.9%	うち中国・香港	26.1%
米国	20.1%	米国	11.0%
西欧	11.7%	西欧	13.3%
その他	15.1%	その他	25.3%

(注)いずれも構成比

米国の景気は日本の輸出に非常に重要

日本の対米輸出は、それほど多くありませんが、それでも米国の景気が日本の輸出に与える影響は極めて大きなものです。それにはさまざまな理由があります。

まず、米国の景気が悪化して米国人が倹約をすると、モノの消費が大きく落ち込みます。自動車の買い替えを我慢する人は増えますが、自動車修理を我慢する人は増えないので、米国人の自動車修理工の仕事は減らず、一方で世界中の自動車生産工場の仕事が減るのです。

米国人が倹約すると、日本の自動車工場は他国の同業者よりも売上が落ち込みます。「品質は良いが値段が高い日本車」を諦めて、「品質は今ひとつだが、値段が安い途上国製自動車」で我慢する消費者が増えるからです。こうして、日本から米国への輸出は大幅に落ち込みます。

次に、日本から途上国へ輸出されている部品等の中には、途上国で組み立てられて米国へ輸出されるものが大量に含まれています。途上国の製品を米国に輸出するときでも、その心臓部となる部品は日本から輸入している場合が多いからです。

日本の設備機械の輸出も、大きく落ち込むかもしれません。10台の機械で洋服を作っている中国企業があるとしましょう。機械は毎年1台壊れるので、日本から輸入しています。今、米国の中国からの洋服の輸入が1割減ったとすると、工場で稼働する機械が10台から9台に減るため、今年壊れた分の機械を日本から補充しなくてもよくなります。つまり、米国の中国からの洋服の輸入は1割減っただけなのに、中国が日本から輸入する機械はゼロになるかもしれないのです。

米国の景気悪化が、日本の輸出を抑制する効果も

少し難しい話になりますが、米国の景気が悪化するとドル安円高になりやすく、日本製品の輸出競争力が低下してしまう場合も多くあります。米国の景気が悪化すると、米国の金融が緩和され、米国の金利が下がります。そうなると、日本の投資家が「米国債を買っても金利は低い。一方で、米国債を持っているとドル安円高になって損をする可能性がある。それならば、米国債を買わずに日本国債を買おう」と考えるようになります。

輸出企業が持ち帰ったドルは、輸入企業が買いますが、経常収支が黒字なので、ドルが余ります。投資家が米国債購入のためにドルを購入してくれれば良いのですが、米国の金利が下がると投資家がドルを買わなくなるので、ドル安円高になりやすいのです。

こうして、米国の景気悪化は需要の減少と並んで「ドル安円高による日本製品の競争力低下」というダブルパンチで日本の輸出を減らしてしまうのです。

7　日本の国際収支

国際収支統計というのは、日本と外国の間の取引の記録です。日本国の家計簿だと思ってください。家計簿には、収入と支出を記したフローの記録と、貯金残高を記したストックの記録がありますが、それと同様に、国際収支統計にもフロー（経常収支等）とストック（対外純資産等）の統計があります。

●経常収支は貿易収支等の合計

経常収支は、貿易収支、サービス収支、第一次所得収支、第二次所得収支の合計です。貿易収支というのは、輸出から輸入を引いた値です。前項の貿易統計で貿易収支と記したもの（通関収支差）と、国際収支統計で貿易収支とされているものは、若干異なります。

統計としては、国際収支統計のほうが正確ですが、通関統計のほうが先に発表されること、そして内訳項目も詳しいことから、通常は通関統計が話題となります。もっとも、それほど大きな違いではないので、普通の人はとくに気にする必要はありませんが、片方だけが赤字になって「貿易収支が赤字だ」というニュースが流れたときに混乱しないよう気をつけましょう。

サービス収支というのは、外国人観光客が日本で使うホテル代や食事代などがサービス輸出、日本人が海外で使う費用などがサービス輸入として計上されているものです。ディズニーやマイクロソフトに支払っているライセンス料なども、サービス輸入に計上されます。

第一次所得収支というのは、利子配当の受取額から支払額を引いたものです。日本人機関投資家が保有する米国債の金利、日本企業が海外に持っている子会社からの受取配当金等から、外国人が持っている日本国債の金利等を差し引いたものです。第二次所得収支というのは、日本政府による途上国への援助などです。

●経常収支は国の家計簿(フロー編)

貿易収支とサービス収支は、似ています。日本のメーカーが作った製品を輸出する場合も、外国人が日本のホテルに宿泊する場合も、日本人が働いて外国人が楽しみ、その対価を日本に支払うという点は同じです。これは、家計でいうと給料に相当します。会社のために働いて給料を受け取るわけです。輸入とサービス輸入は、家計でいえば消費に相当します。他人が働いて自分が楽しんで、その対価を支払うわけです。

第一次所得収支は、銀行預金の利子や株式投資の配当などに相当します。住宅ローンなどの利払いがあれば、それを差し引きます。第二次所得収支は「赤い羽根共同募金」等に相当します。

これら4項目の合計で、家計簿が赤字か黒字かが決まります。黒字なら、貯金（正確には、貯金や株式投資等から借金を差し引いた純資産）が増えているはずですし、赤字なら減っているはずです。経常収支についても同様で、経常収支が黒字ならば、日本国として海外に持っている財産（対外純資産）が増えているはずです。

●経常収支は黒字。対外資産からの利子配当収入が巨額

日本の経常収支は、大幅な黒字です。２０１６年は20・６兆円と、名目ＧＤＰの４％程度の黒字でした。２０１７年も、大幅な黒字が見込まれています。

かつては巨額の貿易黒字を稼いでいた日本ですが、最近では貿易収支が時として赤字になるなど、従来とは様相を異にしています。アジア諸国の技術力向上にともなって、輸出できる品目が限られてきたこと、日本企業が「地産地消」を心がけて輸出より現地生産を増やす傾向にあること、などが影響しているようです。

【図3−7−1】経常収支の推移

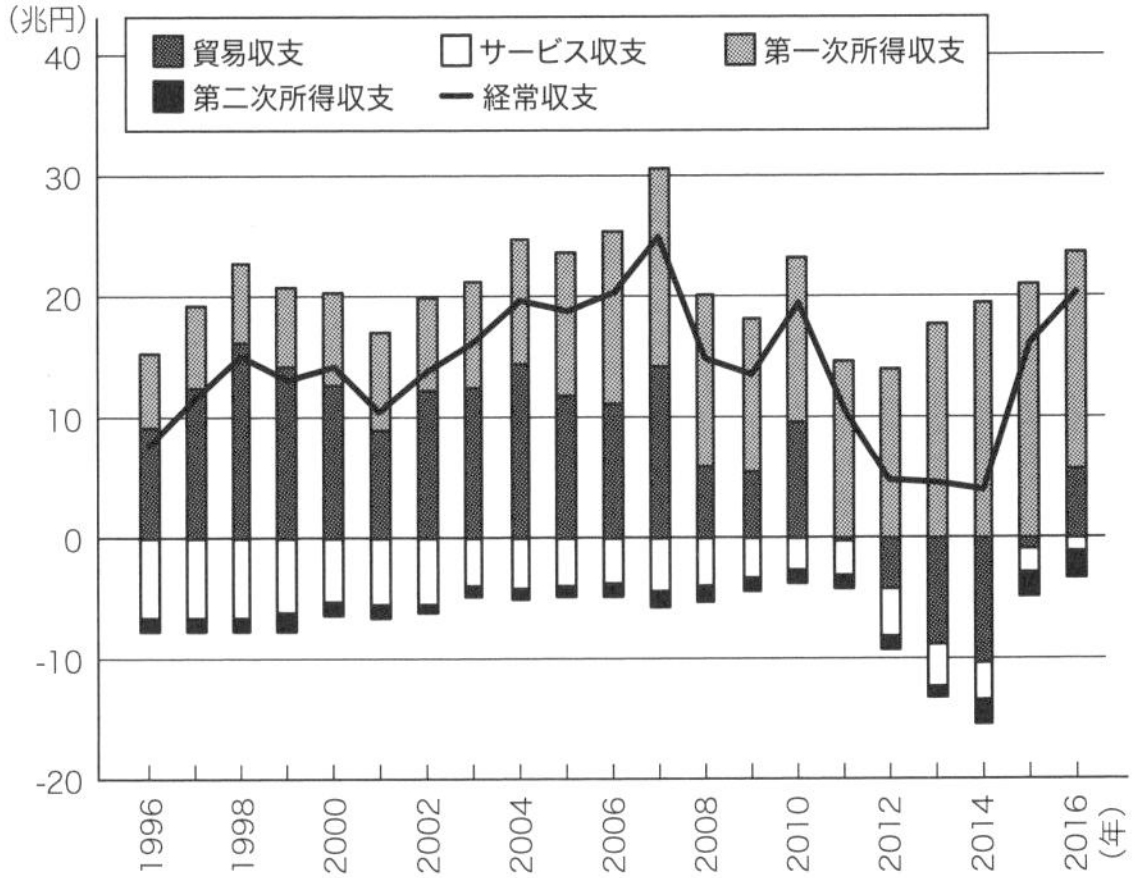

最近では貿易収支に代わり、第一次所得収支の黒字が巨額になっています。長期間にわたる経常収支の黒字などによって対外純資産が巨額になっていることが主因ですが、日本の金利が低いので、資産からの利子受取に比べて負債に対する利子支払いが少額であること、最近は日本企業の海外子会社が増加し、配当収入が増えていること、なども影響しています。

サービス収支は、小幅なマイナスとなっています。サービス収支は、かつては明確な赤字でしたが、最近の外国人訪日客数の増加で、赤字幅が縮小してきています。遠からず黒字になるかもしれません。第二次所得収支は、援助ですから当然ながら赤字ですが、赤字幅はそれほど大きくありません。

さて、家計であれば、給料などのうちで残った部分は銀行預金が増加して終わり、という場合が多いのでしょうが、国際収支統計の場合は活発な取引が行なわれています。「借金をして株を買ったり、普通預金を引き出して国債を購入したりする」といったイメージですね。

印象的なのは、対外直接投資の金額が、経常収支黒字に匹敵《ひってき》するほどの大きさだ、ということです。経常収支黒字が巨額なのに、ドル安円高にならない一因は、企業が対外直接投資のために巨額のドルを買っているからなのですね。納得です。

●対外純資産は巨額のプラス

経常収支がフローの統計であるのに対し、ストックの統計としては、対外純資産があります。日本全体として、海外との間に資産が1000兆円、負債が650兆円あるので、差額の350兆円は純資産（資産超過）です。

これは、主に過去からの経常収支黒字が対外資産として積み上げられてきたことによるものです。資産が巨額なので、そこからの利子配当収入も巨額で、それにともなって今年の経常収支も黒字になり、いっそう対外純資産が増えていく、ということで、対外純資産が自然と増えていくメカニズムができているわけですね。

【図3−7−2】対外資産負債の状況(2016年末)

資産計	998兆円	負債計	648兆円
うち直接投資	159兆円	うち直接投資	28兆円
証券投資	453兆円	証券投資	324兆円
外貨準備	143兆円	その他	296兆円
その他	243兆円		
		純資産	349兆円

資産負債の内容を見ると、直接投資の資産（日本企業が海外子会社をつくる場合等）が負債（外国企業が日本に子会社をつくる場合）よりもはるかに多いことが目につきます。日本企業は海外の資源開発の子会社、海外で生産するための子会社、海外で販売するための子会社、等々を多数持っていますが、外国企業は日本に子会社をあまり持っていないからです。

日本で資源開発をすることは考えにくいですし、日本は製造業が強いので、外国企業が日本に工場を造ることも少ないでしょう。日本で販売する会社はありますが、主に日本の商社が海外まで買い付けに行くほうが多いのでしょう。

また、日本企業は終身雇用制、年功序列賃金制等の「日本的経営（第3章2項参照）」であり、日本人労働者もそれに慣れているので、外国企業が日本に子会社をつくっても、労働者が集まらない（集まっても上手に使いこなせない）ということも影響しているようです。

経常収支は黒字が良いとは限らないが…

企業の決算では、経常利益が黒字のほうが、赤字であるよりも絶対に好ましいですが、経常収支はそうとも限りません。家計と同じです。

家計の場合、現役世代の家計は黒字で、高齢者の家計は赤字が普通です。現役時代に蓄《たくわ》えた老後資金を老後に取り崩していくからです。従って、高齢者世帯の家計簿が赤字であっても、別に問題ではなく、自然なことです。

日本は少子高齢化が急速に進展していきますから、しばらくすると経常収支が赤字になると予想されています。「現役世代が高齢者の介護に忙しく、モノを作る人がいないので、モノは海外から輸入する」ことになるからです。しかし、それは問題ありません。むしろ、そのために現在稼いでいる経常収支黒字を対外純資産として蓄えているのであり、将来はそれを取り崩していくのが自然なのです。

家計の場合、子供の大学入学金を支払った月は、現役世代といえども家計は赤字でしょうが、それも問題ではありません。子供が大学を卒業すれば高い生涯所得が期待できるので、入学金は「投資」だからです。経常収支の場合も、発展途上国が工場建設のために設備機械を輸入すれば赤字になりますが、それは投資ですから問題ないわけです。

しかし、浪費によって現役世代の家計が赤字になれば、問題です。日本人は倹約家ですから浪費で経常収支が赤字になることはなさそうですが、諸外国には「怠《なま》けて働かず、輸入品で贅沢をしているから経常収支が赤字だ」という国もあります。これは問題ですね。

現役世代の世帯主が失業し、収入がなくなって家計が赤字になったりすれば、さらに深刻です。たとえば日本製品の人気がなく、日本人が懸命に働いてモノを作って輸出しても少しも売れず、日本企業が倒産して失業者が大量に発生しているとすれば、輸出できないことで経常収支が赤字になっていることは大問題です。しかし、最近の日本経済は労働力不足ですから、仮に経常収支が赤字になったとしても、問題ではないでしょう。

従って、日本の経常収支が赤字でも構わないわけですが、やはり黒字のほうが安心だ、ということはいえるでしょう。一つには、将来の少子高齢化で経常収支が赤字になったときに備えて対外純資産を蓄えておくことができるからです。

また、経常収支の赤字が続くと、政府が外国からドルで借金せざるを得なくなり、そうなると外国から借金の返済を求められて財政が破綻する可能性が出てくることもあります。国内の投資家から円建てで借りているほうが、はるかに安心ですから。

第4章

景気と物価、財政金融政策

1 日本の財政

アダム・スミスは「神の見えざる手」という言葉で、「政府は経済のことに関与すべきでない」と説きました。しかし実際には、どこの政府もさまざまな仕事をしています。財政の役割は、公共サービス提供、所得再配分、景気の安定化です。

●財政の役割は「公共サービス提供」「所得再配分」「景気の安定化」

財政の役割の最大のものは、公共サービスの提供です。たとえば、政府が自衛隊をつくらなかったら、外国が攻めてきたときに困ります。「皆で資金を出し合って自衛隊をつくろう」と相談すれば良さそうですが、筆者が「自分は金を払わない」と言い出したとすれば、困ったことになります。なぜなら、自衛隊は、資金を出していない筆者の安全も守るからです。「それなら、自分も払わない」という人が増え、結局、自衛隊をつくることはできなくなるでしょう。そのようなことがないように、政府が税金を強制的に徴収して「自衛隊」という公共サービスを提供するのです。

自衛隊の他、警察や消防などは、政府（中央政府および地方公共団体）が提供せざるを得ないでしょう。しかし、どこまで政府が提供すべきかは、国や人によって考え方が異なります。

たとえば「小・中学校は義務教育として政府が公共サービスの提供をするが、高校と大学は行きたい人が私立学校へ行けば良い」というのが日本の制度の基本ですが、幼児教育や大学教育まで無償化しよう、という意見も聞かれます。どちらが「正しい」ということでもないのでしょうから、程度の問題なのでしょう。

所得の再配分も、財政の重要な役割です。累進課税《るいしん》といって、所得の高い人には高い税率を課す（結果として、所得が2倍になると支払う税金が3倍にも4倍にもなる）一方で、生活保護などで貧しい人に支援する、というわけです。これも、やりすぎると人々の働く意欲が損なわれてしまいますから、どこまでやるのか、程度の問題についてはさまざまな考え方があるでしょう。

景気の調節もまた、重要な役割です。不況期には公共投資や減税を行なって景気の浮揚《ふよう》を図り、景気が過熱してインフレが心配な時には、公共投資等を控えめにして景気の過熱を抑えます（詳しくは、本章第4項「景気変動のメカニズム」参照）。

これについても、どこまで財政がやるべきか、という問題については、人により国により、大きな見解の相違《そうい》があります。日本は比較的、景気対策を積極的に実施していますが、それが財政赤字の原因だ、という批判もあります。

●国は全体の、地方公共団体は生活に密着した支出が多い

国と地方公共団体は、おのおの税金を集めて支出を行なっています。2015年度には、国と地方の合計で168兆円の支出を行ないました。税収は国のほうが地方より多いのですが、地方交付税などによって国から地方へと資金が流れるので、支出は地方のほうが多くなっています。

支出内容を項目別、国・地方別に分けたものが次ページの図ですが、自衛隊の費用は国全体の問題ですから、当然、国が支出している一方で、義務教育、警察、消防など、生活に密着した支出は、地方公共団体が主に分担しています。道路などは、都市と都市を結ぶ道路は国が、生活に密着した道路は地方公共団体が整備しています。

●国の一般会計の歳出は社会保障、国債費、地方交付税交付金が主

国と地方公共団体には、それぞれ予算がありますが、以下では国の予算の話をします。また、国の予算には、一般会計予算と特別会計予算がありますが、以下では一般会計予算の話をします。私たちが最も普通に見聞きする「財政収支」です。

【図4－1－1】 国・地方を通じた純計歳出規模（目的別:2015年度）

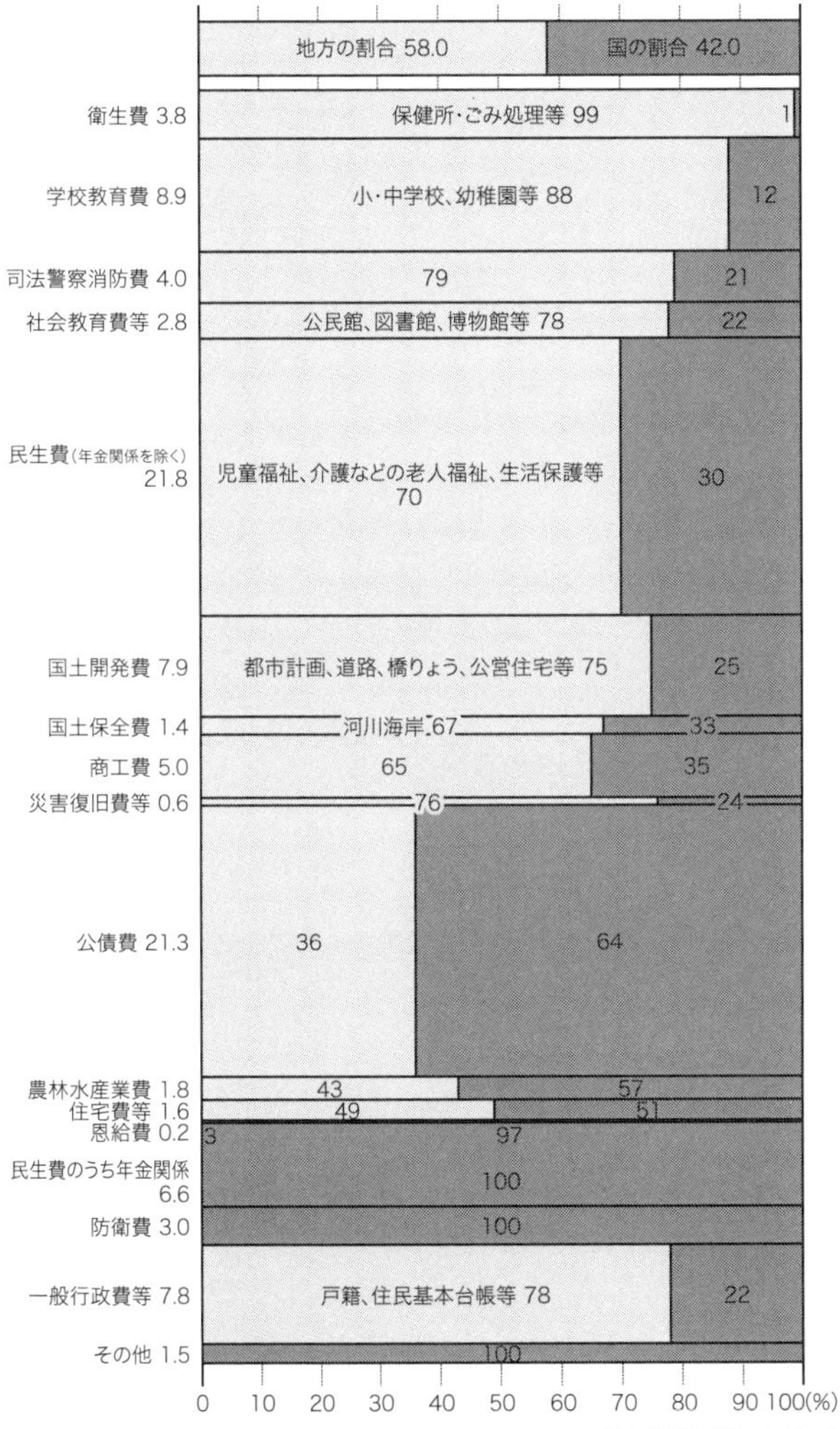

（出所）総務省ホームページ

2017年度予算の歳出（国の予算の支出）は97兆円です。日本人の大人1人あたり97万円というイメージですから、結構大きな金額ですね。内訳として、最大のものは社会保障の32兆円、次が国債費で24兆円、続いて地方交付税交付金等で16兆円となっており、この3項目で全体の73％を占めています。

社会保障は、年金、医療費などの支出額の一部を、財政から給付している部分です。高齢化にともなって年金や医療費などが増加していくため、一般会計予算における社会保障の歳出も増加を続けています。最近の高齢者は元気ですから、筆者としては、定年を70歳にして、年金の支給開始も70歳からにすべきだと考えていますが、制度の変更は簡単ではないでしょう。

国債費は、過去の借金の返済と利払いのための費用です。幸いなことに、低金利が続いているので、政府の借金が巨額である割には、利払い額はそれほど多くありません（2017年度は9兆円）が、この部分は今後の金利上昇によって急激に膨《ふく》らむ可能性があるので要注目です。

地方交付税交付金等は、税収が少ない地方公共団体に国から資金を交付するものです。地方公共団体により、税収は大きく異なりますが、必要とされる基本的な行政サービスはそれほど変わりませんから、自治体間の「貧富の差」を中央政府が調整しているわけです。他にも、国が地方公共団体に業務を委託し、その費用を交付している場合も含まれます。

【図4−1−2】 2017年度一般会計歳出・歳入の構成

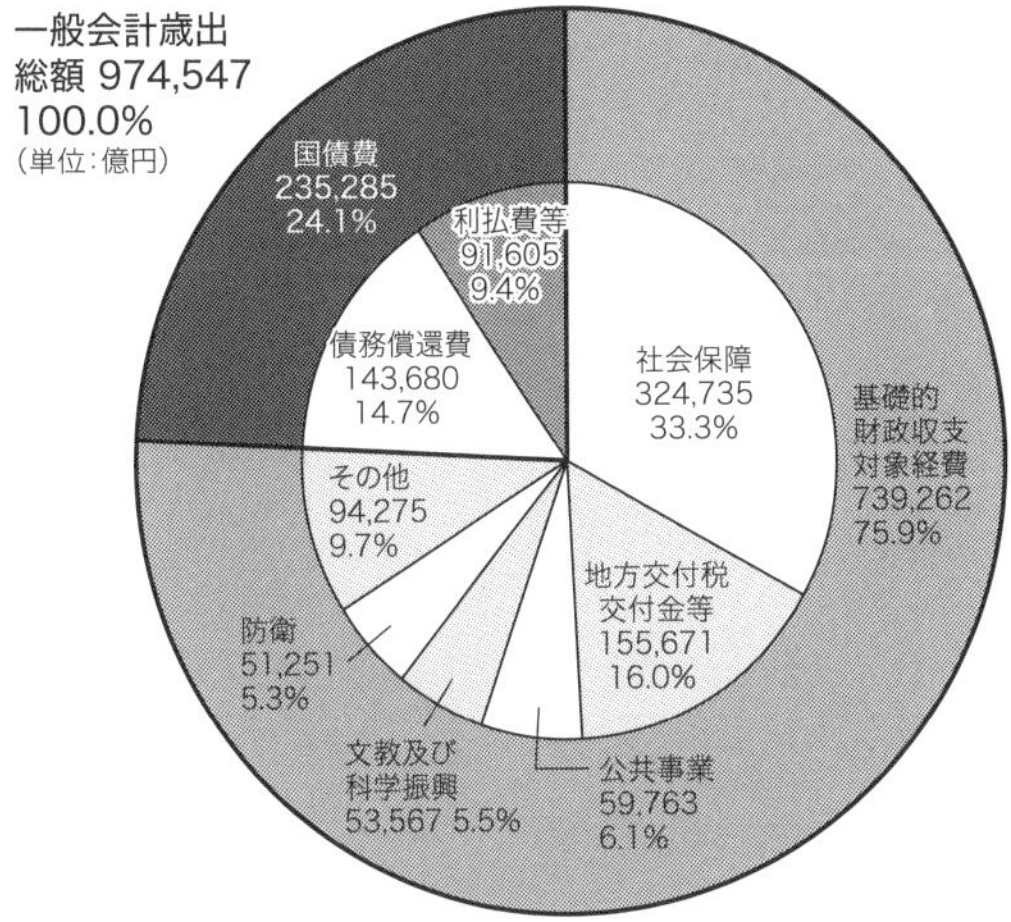
一般会計歳出
総額 974,547
100.0%
(単位:億円)
国債費
235,285
24.1%
利払費等
91,605
9.4%
債務償還費
143,680
14.7%
社会保障
324,735
33.3%
基礎的
財政収支
対象経費
739,262
75.9%
その他
94,275
9.7%
地方交付税
交付金等
155,671
16.0%
防衛
51,251
5.3%
文教及び
科学振興
53,567 5.5%
公共事業
59,763
6.1%

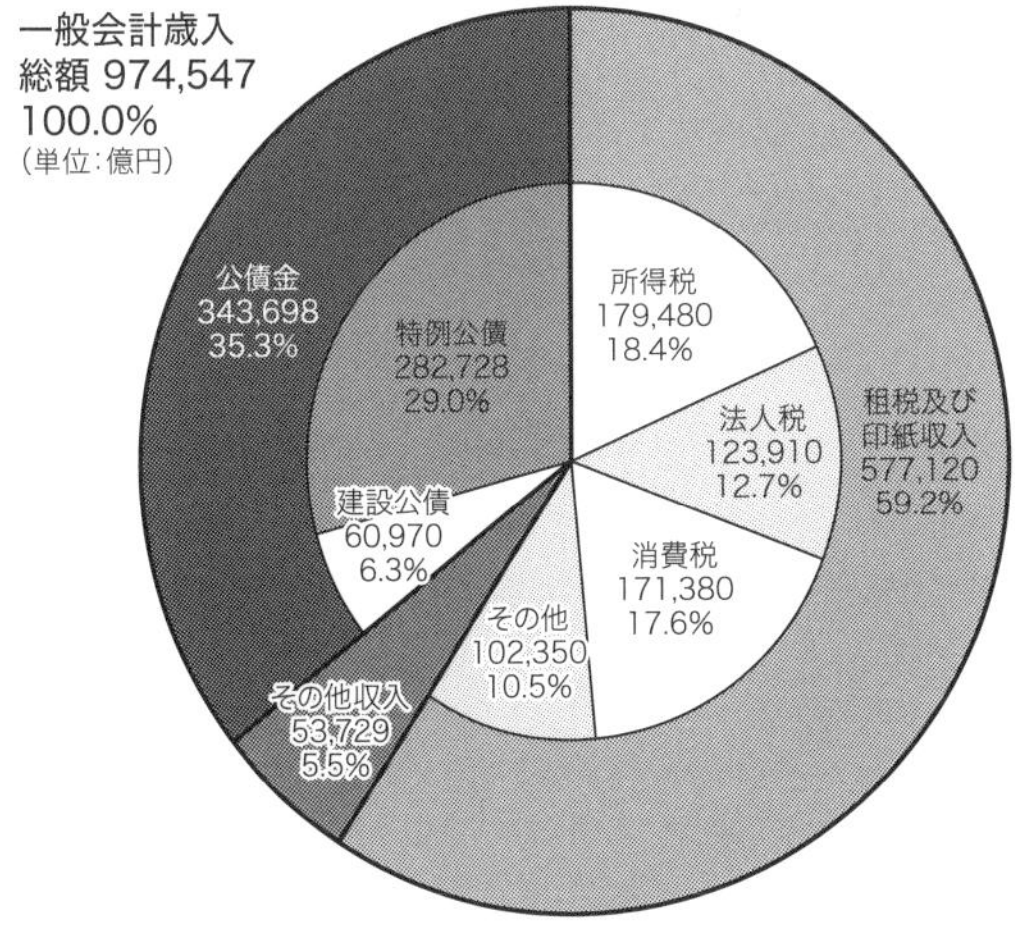
一般会計歳入
総額 974,547
100.0%
(単位:億円)
公債金
343,698
35.3%
特例公債
282,728
29.0%
所得税
179,480
18.4%
法人税
123,910
12.7%
租税及び
印紙収入
577,120
59.2%
建設公債
60,970
6.3%
消費税
171,380
17.6%
その他
102,350
10.5%
その他収入
53,729
5.5%

なぜ、増税は「消費税」なのか？

法人税は減税され、所得税は変化せず、消費税が増税される、というのが最近の我が国の税制をめぐる動きです。なぜ、消費税が増税されるのでしょうか。

財務省のホームページによると、消費税の特徴は「税収が景気や人口構成の変化に左右されにくく安定している」「働く世代など特定の者に負担が集中することなく、経済活動に中立的である」「高い財源調達力」とあります。

経済活動に中立的だ、というのは、「所得税が高いと、働く意欲をなくす人がいるが、消費税が高くても、働く意欲も使う意欲も減らないから」ということです。しかし、これには異論もあります。第一は「税収が安定しているということは、ビルトイン・スタビライザー（あらかじめ組み込まれた安定化装置）が働かないということだ」というものです。

法人税や所得税には「景気が良いと税収が増えて景気の過熱を抑え、景気が悪いと税収が減って景気の底割れを防ぐ」という安定化効果があるが、これが消費税にはない、というわけです。

「経済活動に中立的」という点にも、異論を唱える人がいます。「消費税が上がると消費者物価が上がる。高齢者に支払われる年金は原則として物価スライド（物価が上がると支払われる年金額も増える）だから、高齢者は実質的には消費税を負担しない」というものです。確かに、そういう面もありそうです。

「高い財源調達力」というのは、よくわかりませんが、欧州諸国では消費税率が20％以上なので日本もそこまで増税できる、ということかもしれませんね。

一方、法人税はむしろ減税になっています。これは、「法人税率を引き下げることで、企業が日本に工場などを建てるようになる。そうなれば景気は良くなるし、さまざまな税金が入るので、財政は悪化しない」という考え方に基づくものです。

これに対しては、「本当に法人税率が下がると、日本に工場などが建つのか疑問だ」という声もありますが、海外でも法人税率を引き下げる国が多く、同様の理由が述べられている場合も多いので、「日本だけ下げないと、日本の工場などが海外に移ってしまう」というリスクもあります。

筆者の個人的な見解としては、固定資産税を増税するべきだと思います。地価の高い東京の不動産に高額の税を課すことで、企業に東京から地方への移転を促し、東京一極集中を是正《ぜせい》して地方創生を後押しするとともに、東京の過密を緩和して大地震等の災害にも備《そな》える、という一石二鳥の政策だからです。

今ひとつ、相続税の増税も良いと思いますが、これについては次項の補論で。

2　財政赤字

社会保障、過去の借金の返済や利払い、地方交付税交付金など、削れない歳出が多い一方で、増税は景気を悪化させかねないため、財政赤字を減らすのは容易ではありません。

●社会保障、国債費、地方交付税交付金の歳出だけで税収等を上回る

前項で見たとおり、２０１７年度の国の一般会計予算の歳出は97兆円です。そのうち、税金などで調達できている部分は65％しかなく、残りの35％は国債発行という借金によって賄《まかな》われています（公債金34兆円）。この金額を「財政赤字」と呼ぶ人が多いようです。「過去の借金を返すために借金をしている部分（14兆円）は赤字とはいえない」と言う人もいますが、どちらにしても財政赤字が巨額であることは間違いないですね。

毎年、大量の国債が発行されているため、国債の発行残高は増え続け、現在では８６５兆円という途方もない金額になっています。これだけ借金が多いと、日本政府の破産を心配している人

もいるわけで、とにかく財政赤字を減らそう、と皆が考えているわけです。

歳出の中で一番大きいのは社会保障の費用です。高齢者が増えれば、年金や医療費なども自動的に増えるため、減らすことが難しいのです。次は国債費です。過去の借金の一部を返済したり金利を払ったりする費用なので、これも減らすことはできません。

続いて地方交付税交付金です。これは、税収が不足している地方公共団体に、政府が集めた税金を交付しているものですから、これも減らしてしまうと地方公共団体が困ることになります。

問題は、以上の三つだけで、税収等を上回るということです。昭和の頃は、財政赤字と聞くと「代議士が地元選挙区で公共投資をするからだ」と言われたものでしたが、最近は違うのです。

仮に、公共投資や防衛費や教育関係費などを、全部をゼロにしたとしても、財政赤字はなくなりません。どうしても必要な費用だけでも税収を上回ってしまうので、歳出削減で財政を再建するのは難しい、ということになります。そうなると、増税しかありません。

●増税は容易ではない

しかし、増税は簡単ではありません。一つには、政治家が人気取りのために増税に反対するからです。最近では政治家も人気取りばかりではなく、民主党政権の時には、与野党3党が消費税

【図4−2−1】名目GDPと税収の推移

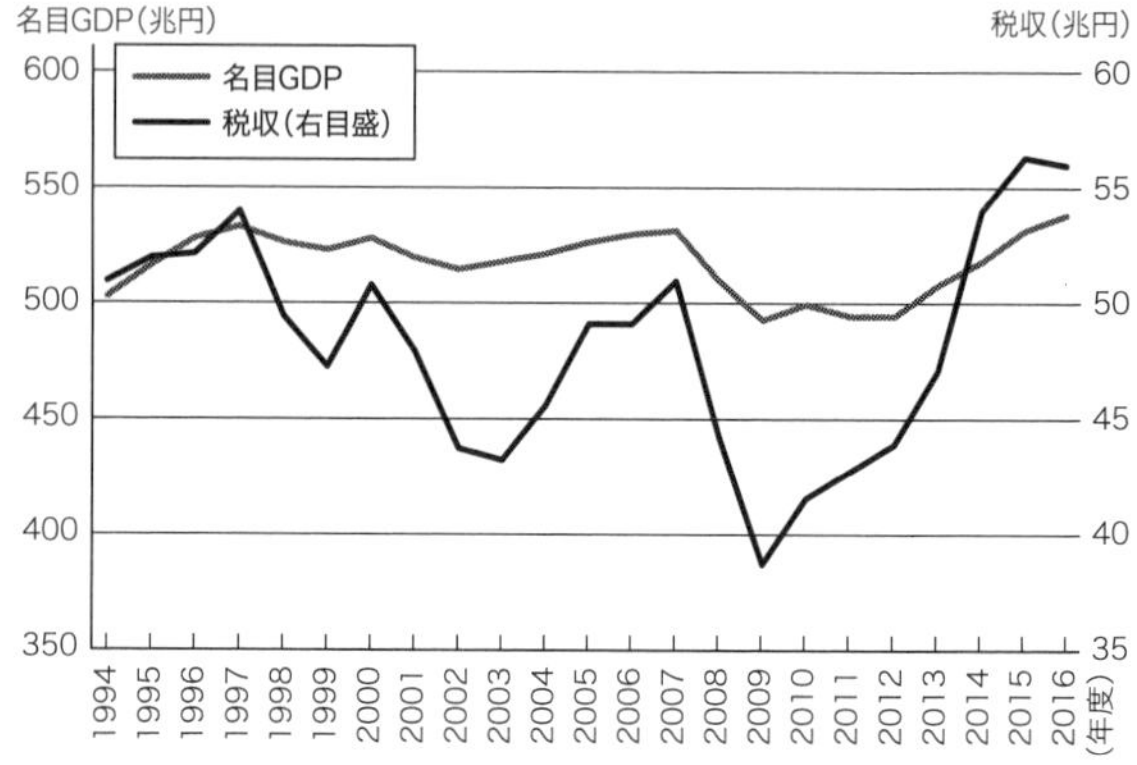

増税に合意したのですが、それでも消費税の増税が難しいのは、消費増税が景気を悪くしてしまうからです。

前回、消費税が5％から8％に上がったとき、消費が大きく落ち込み、景気が腰折れ（上向きから下向きに方向転換してしまうこと）するのではないかと心配されました。そうしたことがあると、次の増税は大丈夫だろうか、と皆が不安になるのです。

景気は「税収という金の卵を産む鶏《にわとり》」です。景気が良くなると、税収は大きく増えます。人々の所得が増えれば、所得税は累進課税ですから、税収は人々の所得以上に増えますし、景気が良くなって企業が儲《もう》かると、法人税の税収も大幅に増えることが期待できるためです。図4−2−1を見ると、名目GDPが少し増えると税収が大幅に増えることが見て取れます。

反対に、景気が悪くなってしまうと、税収が大きく減ります。加えて景気対策が必要になりますから、財政赤字はむしろ膨らんでしまうかもしれません。政府が増税に躊躇《ちゅうちょ》するのは、そうした事態はぜひとも避けたい、と考えているからなのですね。

このところの財政赤字は、景気回復などを受けて、少しずつ減っています。今後もこの流れが続くと期待しています。

政府は、とりあえずの目標として、基礎的財政収支（英語では「プライマリーバランス」）を黒字にしたいと考えています。これは、「過去の借金のことは忘れて良いから、せめて今年使う金だけは、今年の税金等で賄おう」ということです。もっとも、基礎的財政収支は現在11兆円程度の赤字となっており、とりあえずの目標を達成するだけでも、相当な時間がかかりそうです。

●国際的にも日本の財政赤字は巨額

国際的に見ても、日本の財政赤字は巨額です。次ページのグラフを見ると、毎年の赤字で見ても、債務残高で見ても、先進各国の中で最悪レベルです。各国共にリーマン・ショック後には財政収支が大幅に悪化しましたが、その後、景気の回復に応じて状況は改善しています。日本についても状況は同様ですが、毎年の赤字の水準が大きい、というわけです。

【図4−2−2】 先進各国の財政収支(GDP比)

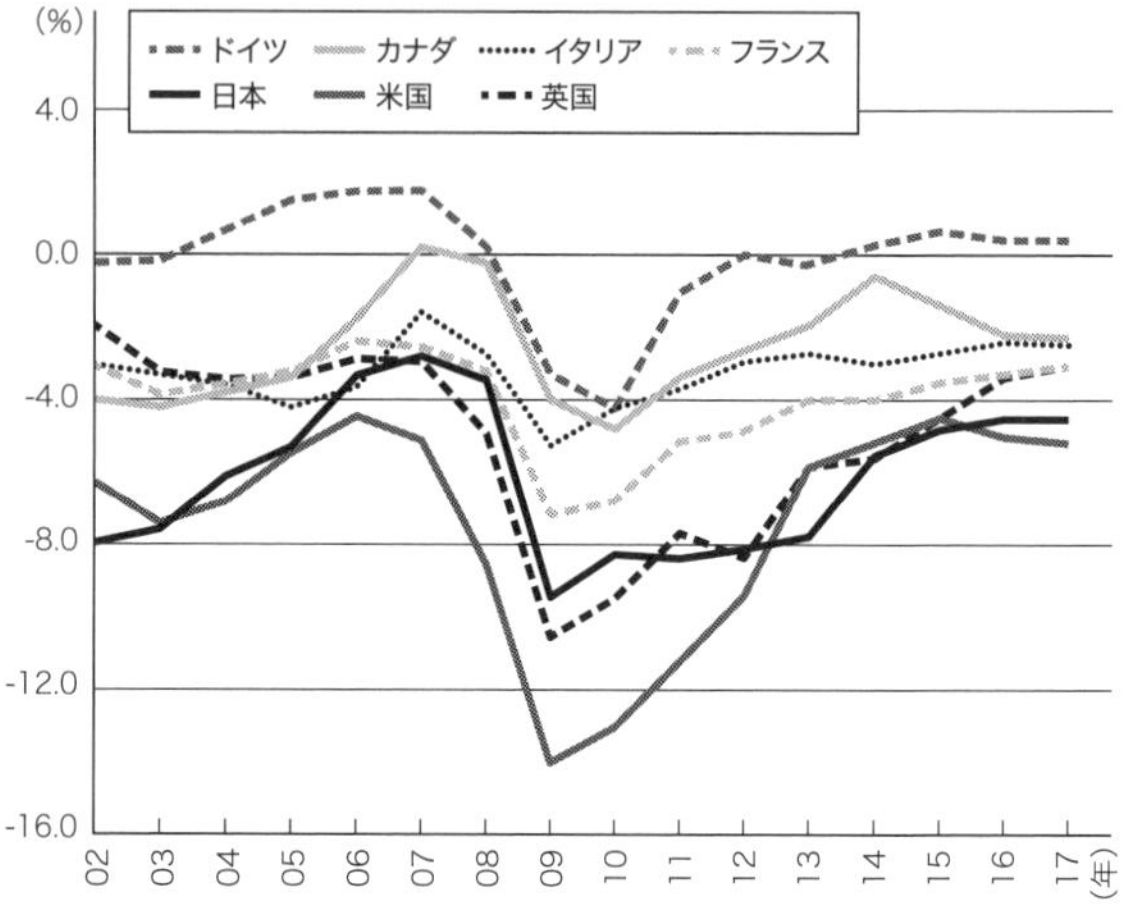

(出所)財務省ホームページ(原資料はOECD Economic Outlool)

【図4−2−3】 先進各国の純債務残高(GDP比)

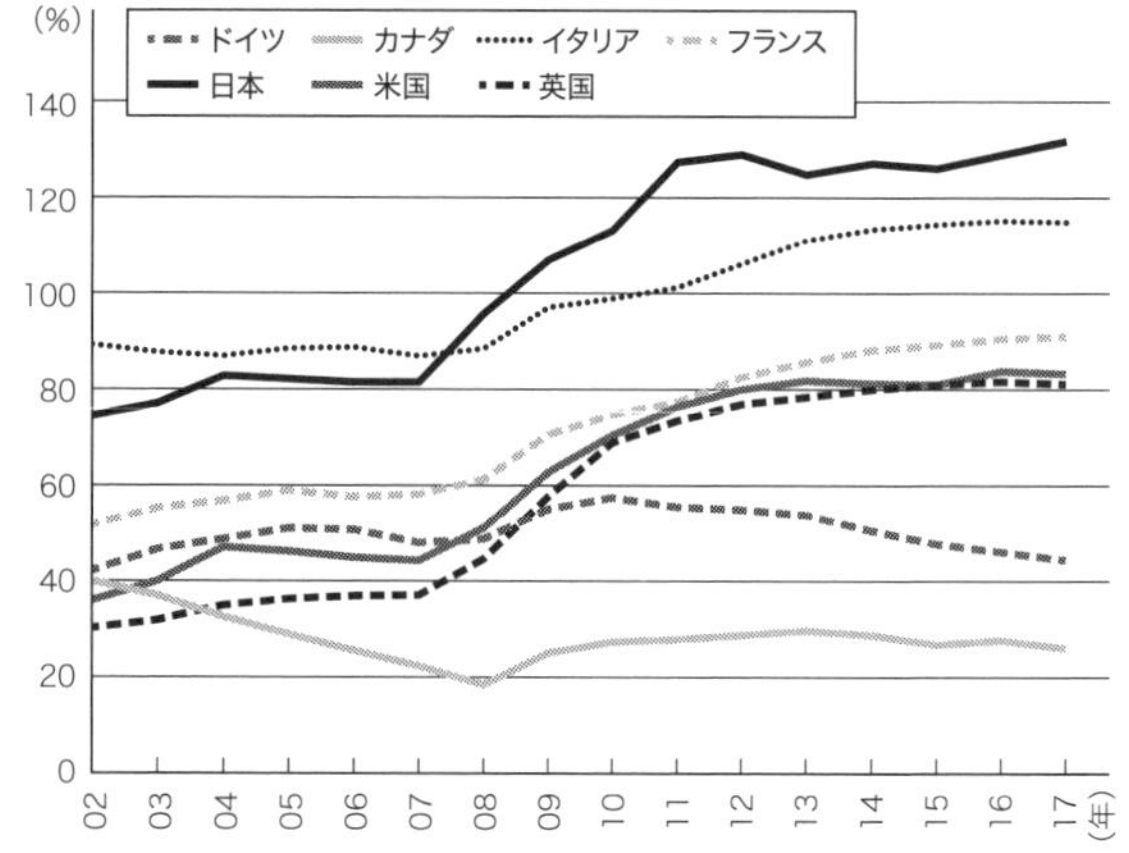

(注)純債務残高なので、日本は上記の「GDP比1.6倍」より少し小さい。

(出所)財務省ホームページ(原資料はOECD Economic Outlool)

●「国の赤字」は政府の赤字で、日本国の赤字ではない

「国の赤字は巨額だ」という表現を見かけます。これは、「地方公共団体と対比した中央政府の一般会計予算が赤字だ」ということで、「日本国が赤字」なのではありません。日本国が外国との取引で赤字か黒字かを見るのは「経常収支」という統計（第3章「日本の国際収支」参照）であって、これは黒字なのです。日本国内の民間部門は巨額の黒字を稼いでいて、一部を国債購入等によって日本政府に貸し出し、残りを米国債購入等によって外国に貸している、というわけです。

ちなみに、日本政府の赤字を家計の赤字にたとえる場合があります。「給料が63万円しかないのに、銀行から34万円借金をし、97万円も消費している家計のようだ」というわけです。

しかし、この比喩《ひゆ》には大きな問題があります。家計を節約すると赤の他人は困りますが、家族は困りません。夫が飲みに行かなければ、飲み屋は困りますが、奥さんは困らないのです。

ところが、国が節約すると国民が困ります。公共投資を減らせば、建設会社が困りますが、建設会社は政府にとって赤の他人ではないのです。建設会社の社員が失業すれば失業対策が必要になりますし、そうでなくても景気が悪化すれば税収が減ってしまいます。

赤字の深刻さを示すために比喩を使うのは構いませんが、「だから、増税と歳出削減を行なって財政再建に努めるべきだ」ということにはならないのです。気をつけたいものです。

財政赤字は「自分たちの浪費のツケを子供たちに払わせる」ものなのか？

財政赤字は、自分たちの浪費のツケを子供たちに払わせるものだ、という人がいますが、筆者はそうは思いません。以下は筆者の少数説です。

まず、財政赤字は浪費のツケではありません。バブル崩壊後の長期低迷期には、人々が倹約したから景気が悪く、失業者が増えてしまったので、政府が公共投資を増やして失業者を雇ったのです。過去の政府の借金は、浪費とは反対に、人々が倹約しすぎたことの結果なのです。

今の財政赤字は、高齢者への年金支払いが主因です。極論ですが、年金支給をやめたら何が起きるでしょうか。一部の高齢者は生活保護を受けるでしょうが、大多数は貯金をおろして生活するでしょう。そうなると、高齢者が他界した時の遺産が減ります。つまり、子供たちが遺産を受け取れるのは、政府が財政を赤字にしてまで高齢者に年金を支払っているからなのです。

理論的には、少子化が進み、1人っ子と1人っ子が結婚して1人っ子を産み、日本人が最後の1人になった時に、その子は1800兆円の個人金融資産を相続します。その子が他界した時にそれが国庫に入り、政府の借金はすべて消えるので、心配は無用なのです。財政も破綻しないし、子供たちも無理な増税に苦しめられることもないのです。財政赤字のことだけを考えれば、子供たちにツケを回しているということになりますが、子供たちが受け取る遺産のことまで考えれば、子供たちにはツケではなく、差し引きして資産が残るのです。

問題は、「財政赤字を作った親世代と政府の借金返済のために増税される子世代の世代間不公平」ではなく、「遺産が相続できる子と相続できない子の世代内不公平」なのです。しかも、その遺産の多くは、政府が借金しながら親たちに支払っている年金のおかげで使わずに済んだ資金なのです。

そこで私見ですが、消費税や所得税ではなく、相続税を増税すれば良いと思います。配偶者は除いて子が相続するぶんを増税するのです。物を買うたびに税金を取られるのは嫌ですし、一生懸命稼いだ所得に課税されるのも嫌ですが、相続税であれば、「棚からぼた餅《もち》が落ちてきたのが、期待していたよりも小さかった」というだけですから、痛税感は薄いでしょう。相続税のほうが、消費税などより、消費を減らす可能性が小さいという点も重要です。

とくに、配偶者も子も親もない人の遺産は、兄弟姉妹が相続するのですが、これには高率の相続税を課しましょう。兄弟姉妹に相続させる必要性が薄いということもありますが、被相続人が晩年受け取っていた年金は、他人の子が支払った年金保険料が原資となっているわけで、そのおかげで使わずに済んだ老後資金は、子供たち世代のために国庫に納めるのが公平でしょう。

3 日本のGDP

ＧＤＰ統計は、各企業に付加価値《ふかか》（売上ー仕入《マイナス》）を聞き、それを合計して作りますが、消費者等に買った物を聞いて合計しても作ることができます。３通りの作り方があり、結果が（統計上の誤差を除いて）等しくなるので「三面等価の原則」と呼ばれています。

●ＧＤＰは「国内で生産されたモノ（財およびサービス）の合計」

日本に「部品メーカー」「自動車メーカー」「自動車販売会社」の３社しかないと仮定しましょう。部品メーカーは、30万円分の部品を作ります。自動車メーカーは、30万円で部品を仕入れて１００万円の車を造ります。自動車販売会社は１００万円で自動車を仕入れて１２０万円で売ります。この時、日本のＧＤＰは１２０万円になります。各社に「御社のつくり出したものは何円ですか？」と聞き、その額を合計するのです。

部品会社は30万円と答えます。自動車会社は、１００万円の自動車を造りましたが、自分で造

【図4−3−1】GDPの三面等価の原則

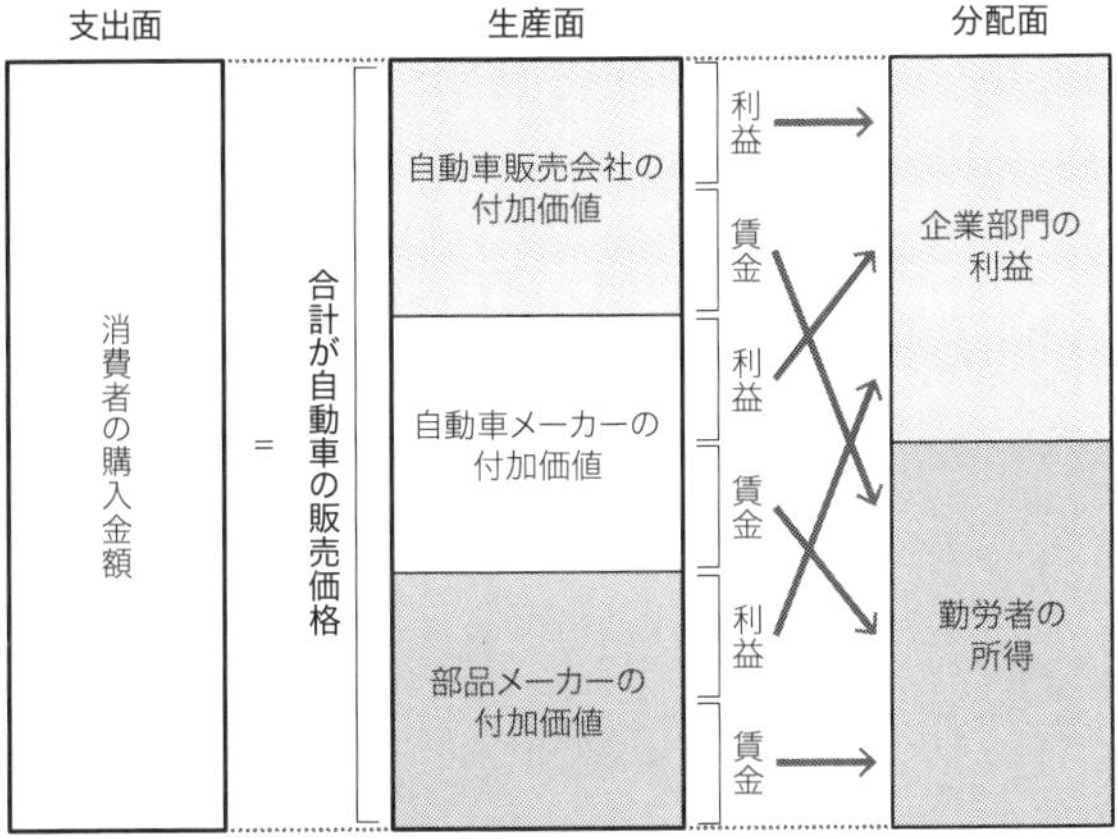

（注）付加価値＝売値－仕入値＝自分で作り出した部分

り出した部分は仕入れた部品代を除いた70万円ですから、70万円と答えます。これを「付加価値」と呼びます。

自動車販売会社は、モノは何も作っていませんが、サービスを提供しています。彼らがパンフレットを作らず、ショールームを作らず、セールス活動をしなければ車は売れないのですから、彼らも立派な価値を生み出しているわけです。そこで、彼らも「120万円から100万円を引いた20万円の付加価値をつくりました」と答えるのです。

GDP統計は、消費者に聞いても作ることができます。「車を買いましたか？　何円でしたか？」と聞けば、「120万円でした」と答えるでしょうから、それがGDPです。

もちろん、上記の自動車が輸出される可能性も考えて、税関で「自動車の輸出はありましたか?」と聞く必要はありますし、輸入車を買った消費者もいるでしょうから、仮に消費者の回答が2台で240万円になったとしても、税関で輸入車が1台120万円であったとすれば、それを差し引くわけです。

さらに、GDPは企業の利益と労働者の給料を合計することでも作ることができます。「売上－《マイナス》仕入れ－給料」が利益ですから、利益と給料を足せば「売上－仕入れ」、すなわち付加価値になるからです。このように、GDP統計は3通りの作り方があり、(統計上の誤差を考えなければ)同じ結果となるはずです。これをGDPの「三面等価の原則」と呼びます。

●他国との比較で豊かさを、前年との比較で景気を考える

GDPが大きい国は、大量のモノを作っているので、国民が大量のモノを使って豊かに暮らしているのでしょう。ただし、人口が多い国のGDPが大きいのは当然ですから、人口1人あたりのGDPで比べる必要はあります。

厳密に言えば、各国のGDPを比較するときの為替レートをどう考えるか、という問題があります。大幅にドル安円高になったとすると、ドルに換算した日本のGDPは大幅に増えますから、

「日本は諸外国より豊かだ」という結果になりますが、去年と比べて日本人の生活レベルが変化したわけではないので、ミスリーディングとなりかねないのです。国際機関が「各国の物価水準を等しくする為替レート」を発表しているので、それを用いるほうが望ましいでしょう。

一方、去年と比べてGDPが増えていれば、去年よりも多くのモノが作られたということですから、多くの人が雇われていることになるでしょう。それならば、失業者が減って景気は良くなっているはずです。ただ一つ注意が必要なのは、「去年から今年にかけて物価が2倍になり、GDPも2倍になった」としたら、モノの生産量は増えていないので、雇われている人が増えたことにもなりません。従って、GDPの増加率（これを「名目経済成長率」と呼びます）から物価上昇率を差し引いた値（これを「実質経済成長率」と呼びます）を見る必要があるのです。

景気討論会などを聞いていると、各人が自分の予想した実質経済成長率を披露している場合がありますす。その場合には、実質経済成長率を高く予測しているほど「景気が良いという予測をしている」と考えて良いでしょう。

●日本のGDPを生産面から見ると、第三次産業が圧倒的

日本のGDPを生産面から見てみましょう。第一次産業（農林水産業）は、1・1％です。ウエ

【図4−3−2】生産面から見たGDP構成比(2015年)

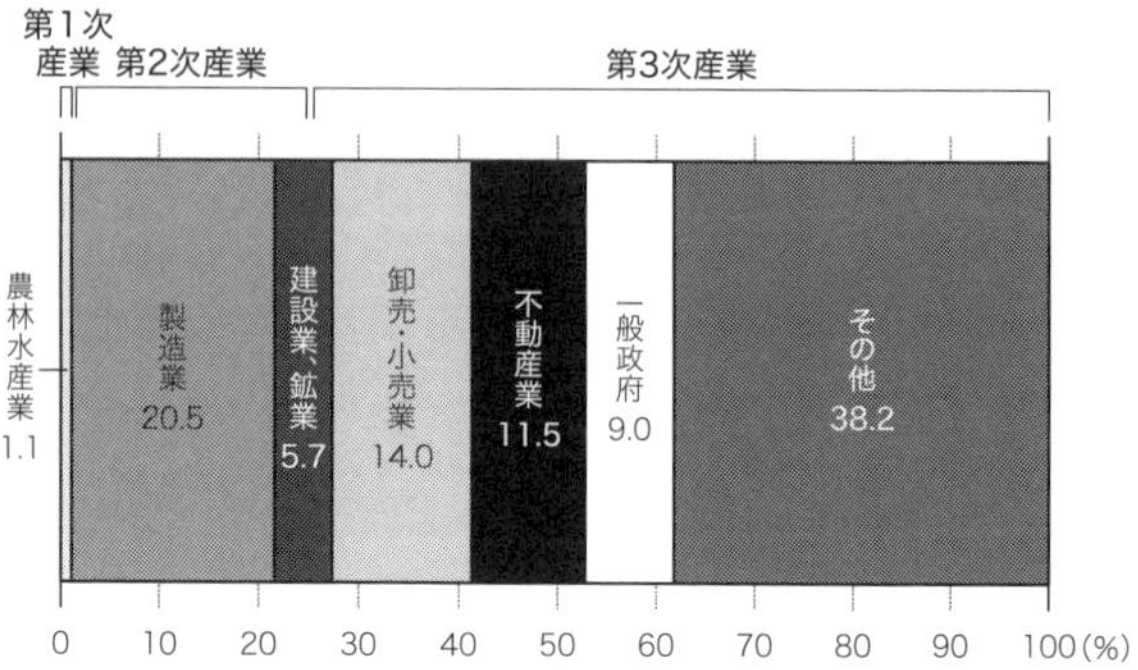

(出所)内閣府「平成27年度国民経済計算」

イトが低いわりに、農業関係者の政治力は強いですね。第二次産業(鉱業、製造業、建設業)は26・2%で、その多く(20・5%)が製造業です。ものづくり大国のイメージからすると、これも意外なほど低いですね。

そして、第三次産業が72・7%という圧倒的なシェアを持っています。第三次産業の内訳でウエイトが高いのは、卸売・小売業の14・0%、不動産業の11・5%、一般政府の9・0%です。政府のウエイトも、一般のイメージより小さいように思います。

不動産業のウエイトは、人々のイメージよりだいぶ大きくなっています。これは、持ち家の帰属家賃といって、持ち家世帯は「自分で自分に家を貸して家賃を受け取っている計算」になっているからです。「借家人が自宅を買うとGDPが減ってしまう」のは変なので、自分で自分に家賃を払ったことにしている、というわけですね(笑)。

●需要項目別には、個人消費が圧倒的に大

生産されたモノを誰が買っているのかといえば、圧倒的に大きいのは個人消費です。個人消費は全体の54・9％を占めています。企業の売上の相当大きな部分が人件費として消費者に渡り、消費に使われますし、企業の仕入れは仕入先の売上ですから、これも相当大きな部分が人件費でしょう。そう考えれば、不思議なことではありませんね。

政府消費は全体の19・9％を占めています。これは物品購入費のほか、公務員の給料なども含みます。「政府が公務員を雇って行政サービスを生産し、それを政府が自分で買い取って国民に無料で提供した」といった計算になっているのです。そして、企業の設備投資は15・3％です。設備投資は金額が大きく、振れ幅も大きいので景気に与える影響が非常に大きく、注目されます。

輸出と輸入は、共に17・2％ですから、国内で作られたモノの量と国内で使われたモノの量が同じだったということになります。ただし、「輸出－輸入」がゼロであったからといって、輸出入が重要でない、とは決していえません。輸出が増えるか否《いな》かは、国内の景気に大きな影響を与えるからです。

２０１５年度は「たまたま」輸出が輸入と同額でしたが、輸出のほうが多ければ、そのぶんだけ生産が増え、雇用も増えることになります。

景気を見る上で重要なのは、支出面から見たGDPの成長率

ＧＤＰの作り方には3通りありますが、景気を見る上で最も注目されるのは、消費者などに聞いて作るもの（支出面から見たＧＤＰ）です。先進国では、「売れそうだから作る」のであって、作るモノ（財およびサービス）の量は、需要の強さによって決まるからです。従って、景気予測は個人消費、輸出などを予想して合計することで、成長率を予測するのです。農業国であれば、「作れるだけ作って余ったら翌年にとっておく」のでしょうが、先進国はそうではないのです。

支出面からＧＤＰを見ると、個人消費がウエイトとしては圧倒的に大きいのですが、景気を見る上では個人消費はあまり注目されません。個人消費が大きく増減するのは、消費増税前後の駆け込み需要と反動減の時くらいです。それ以外の時は比較的安定していますし、増減するとしても「景気が良くなると給料が増え、給料が増えると個人消費も増える」という関係にあるため、景気に遅れて動く場合も多いからです。

景気との関係で注目度が高いのは、輸出と公共投資と設備投資です。輸出は金額が大きく、日本の景気と無関係に増減し、日本の景気の方向を変える場合が多いのです。海外の景気が悪化したり、急激な円高が進んだりすると、日本の輸出が減る→国内生産が減る→雇用が減る→消費が

減る、といった具合です。

日本は内需が弱いため、輸出の増減によって景気の方向が転換することがひんぱんに生じています。バブルの頃は内需が強かったので、「輸出が減っても景気は腰折れしない」からと輸出は注目されませんでしたが、これは例外でしょう。

輸入については、増えれば良いというものではないので注意が必要です。「日本の景気が良いから輸入が増えている」という場合は歓迎ですが、「円高によって国内製品よりも輸入品のほうが割安になったために輸入が急増し、国内生産が打撃を被《こうむ》った」という場合には、景気にとって大きなマイナスとなっているわけです。

公共投資は、景気が悪い時に景気対策として増加し、景気を回復させるものです。景気対策として公共投資がどの程度行なわれるのか、それで景気を回復させるのに足りるのか、といったことが注目されるわけです。これについては、次項で詳しく説明しましょう。

設備投資も、規模が大きく振れ幅も大きいので注目されます。もっとも、景気が良くなると設備投資が増えていっそう景気を拡大させ、景気が悪化すると設備投資も減少していっそう景気を悪化させる、という場合も多く、景気の変動を拡大してしまう要因として警戒されている、という理解のほうが正しいかもしれませんが(笑)。

4 景気変動のメカニズム

景気は、変動します。景気は自分では方向を変えないのですが、政府日銀が財政金融政策によって方向を転換したり、外国からの影響で方向を変えさせられたりするのです。バブルとその崩壊により、景気が方向を変える場合もあります。

●景気は自分では方向を変えない

景気は変動します。経済学の教科書には在庫循環、設備投資循環などと記してありますが、近年ではそうした要因で景気が循環することは稀《まれ》です。在庫管理技術が進歩したり、設備投資にもコンピュータ関係のような周期の短いものが増えたりしているからです。では、どうして景気は良くなったり悪くなったりするのでしょうか。

景気を考えるときに最も重要なことは、「景気は自分では方向を変えない」ということです。景気が回復してモノが売れるようになると、企業はモノを増産するために人を雇います。雇われた元失業者は、もらった給料でモノを買います。そうすると、いっそうモノが売れるので増産する企業が増えます。増産のために工場を建てる企業が出てくれば、鉄、セメント、設備機械などが売れるようになります。

景気が良いと企業が黒字になるので、銀行が安心して融資を行なえるようになります。株価も上がるので、株を売って儲けた人が贅沢をします。サラリーマンも「勤務先の業績が好調だから、リストラされたり会社が潰れたりしないだろう。倹約ばかりしないで、少しは使おう」と考えるようになります。地方公共団体は、税収が増えるので、不況期に我慢していた橋や道路を建設するようになります。

このように、景気は一度上を向くと、そのまま回復・拡大を続ける性質を持っているのです。当然ながら、一度下を向けば、そのまま悪化を続けてしまうわけですが。

景気が自分では方向を変えないとすると、方向を変えるのは政府日銀の財政金融政策か、外国からの影響、ということになります。バブルとその崩壊も、景気の方向を変える重要な要因です。

●政府日銀の方向転換が基本だが、実際には外国の影響が大

景気が方向を変えるのは、外から景気の方向を変える力が働いた場合です。最も基本的な力は

政府日銀が財政金融政策で景気の方向を変えるというものです。景気が悪い時には景気を回復させようと政府日銀が頑張りますし、景気が良すぎてインフレが心配な時には、わざと景気を悪化させてでもインフレを防止しようと頑張ります。これについては、次項で詳述します。

基本はそうなのですが、日本は内需が弱いので、輸出が減ると簡単に国内景気が悪化してしまいます。輸出は、国内景気が拡大を続けているときでも、海外の景気後退などによって大幅に減少することがあり、それが国内の生産を減少させ、雇用を減少させ、景気を悪化させるのです。そこで、政府日銀が景気過熱を抑え込む前に、海外の要因によって景気が後退することが多いのです。過去の景気循環を見ると、米国ITバブルの崩壊（2000年）、米国のリーマン・ショック（2008年）、欧州政府債務危機にともなう世界経済減速（2012年）と海外要因の景気後退が並んでいます。

景気を変動させる今ひとつの要因は、バブルとその崩壊です。バブルは景気を拡大させます。日本の株価や地価が上がれば、株や土地を売って儲けた人が贅沢をするので景気が回復します。しかし、バブルはとくに理由がなくても崩壊します。バブルが崩壊すれば、今度は反対に景気を後退させる力が働きます。つまり、政府等が何もしなくても、景気はバブル崩壊によって方向を変えるのです。日本の平成バブルの時は、たまたま政府日銀がバブル潰しをしましたが、あれは例外だったといえるでしょう。

日本でバブルが発生することは稀ですから、「例外だ」と片付けても良いのですが、外国でバブルが発生・崩壊したときも、それにつられて日本の景気は変動します。実際、2000年と2008年は、米国のバブル崩壊が原因で、日本の景気が後退しています。

●戦後の景気変動は、平均3年拡大、1年強後退

戦後、15回の景気循環がありました。景気が一番良かったときを「景気の山」、悪かったときを「景気の谷」、谷から山までを「景気の拡張期、回復期、拡大期」などと呼びます。山から谷までの期間は「景気後退期」です。景気の山と谷は内閣府が判定して発表します。

戦後の景気循環は、長い時も短い時もありますが、平均すると景気の回復・拡大が3年、景気の後退が1年強、といったところです。

景気の回復期が長いのは、政府等がとくに何もしないから、一方、景気後退期が短いのは、景気が後退を始めると政府等が対策を採るからです。これは外国でも同様なので、外国からの影響についても景気を拡大させる力は長期間働き、後退させる力は短期間しか働かない、というわけです。

【図4−4−1】戦後の景気循環

循環	谷(年/月)	山(年/月)	谷(年/月)	期間(カ月)		
				拡張期	後退期	全循環
1		1951.6	1951.10		4	
2	1951.10	1954.1	1954.11	27	10	37
3	1954.11	1957.6	1958.6	31(神武)	12	43
4	1958.6	1961.12	1962.10	42(岩戸)	10	52
5	1962.10	1964.10	1965.10	24	12	36
6	1965.10	1970.7	1971.12	57(いざなぎ)	17	74
7	1971.12	1973.11	1975.3	23	16	39
8	1975.3	1977.1	1977.10	22	9	31
9	1977.10	1980.2	1983.2	28	36	64
10	1983.2	1985.6	1986.11	28	17	45
11	1986.11	1991.2	1993.10	51(バブル)	32	83
12	1993.10	1997.5	1999.1	43	20	63
13	1999.1	2000.11	2002.1	22	14	36
14	2002.1	2008.2	2009.3	73	13	86
15	2009.3	2012.3	2012.11	36	8	44
平均(第2循環〜第15循環)				36	15	51

(出所)内閣府「月例経済報告主要経済指標 平成29年10月」など

ちなみに、景気拡大期間は長ければ良いというものではありません。2002年から2008年まで73か月続いた景気拡大は、拡大ペースが緩《ゆる》やかであったがゆえに、景気が過熱せずに長持ちしたわけで、「景気回復が実感できない」と言われたものです。2012年を起点とする景気回復も、5年以上続いている模様ですが、やはり回復が緩やかであるがゆえに長持ちしている、ということのようです。

「景気拡大期間がいざなぎ景気を抜いた」と報道されましたが、いざなぎ景気の時は「若者が全力でマラソンを走ったら息が切れた」わけで、今回は「高齢者がゆっくり散歩をしているので、動いている時間の長さだけは若者に勝った」というイメージですね。

●景気は水準より方向が重要

景気が自分では方向を変えない、ということは、景気が現在上向きなのか下向きなのかが非常に重要だ、ということになります。今の景気が悪いとしても、景気が上向きならば、このまま回復・拡大を続けて、いつかは好景気になる可能性が高いと期待されるからです。

景気が底を打って回復を始めると、政府が「景気回復宣言」を出します。これは、景気の方向が上を向き始めた、という宣言であって、「景気が良い」という意味ではありません。

しかし、景気の水準の話であると誤解して「政府はちっともわかっていない。景気はちっとも良くないぞ」と苦情を言う人が多いそうです。景気が良くないのは当然です。景気が下向きから上向きに方向を変えた日は、前日に次いで「2番目に景気が悪い日」なのですから。

瀕死《ひんし》の重病人が高熱に浮かされてひと晩を過ごし、一命を取りとめて目を覚ましたとき、医師が「良かったですね。もう死にませんよ。無理をしなければ、いつかは退院できます」と言ったら、患者は「有難うございました」と言うでしょう。「先生はわかってない。私は元気じゃありません」と言う患者はいませんね。

それと同じことなのに、政府に対しては文句を言う人が多いのは、政府が医者ほど信用されていない、ということでしょうか(笑)。

景気予測の第一歩は「現在の方向」を見定めること

筆者は、長年にわたり景気予測に携《たずさ》わってきました。景気予測は決まった方法があるわけではなく、各自が独自の方法で取り組んでいますが、基本的な考え方は、比較的多くの専門家に共有されていると思いますので、ここで筆者の考え方を披露しましょう。

景気予測の第一歩は、現在の景気の方向を見定めることです。景気の方向が上向きならば「景気はさらに良くなるでしょう」と言えば良いのです。

政府日銀が景気を故意に悪化させるほどインフレ懸念が高まっている場合には要注意ですし、海外の景気が後退しそうならば、これもまた要注意ですが、そうでなければ景気は順調に拡大を続ける可能性が高いでしょう。

従って、景気拡大期の予測は容易です。インフレ懸念がないならば、自分では何もせず、海外経済の担当者の話を聞いておけば良いからです(笑)。

一方、景気が下向きの時は、それほど楽ではありません。政府日銀がいつ、どれくらいの景気対策を行なうか、それによって景気が回復するか否かを予測する必要があるからです。大胆な財政金融政策が見込まれるならば、「景気は遠からず回復するでしょう」と言えるのですが、そうしたケースは多くありません。金融緩和はそれほど効果が出ない場合が多いですし、財政政策も財政再建を優先したがる財務省が反対するので、なかなか十分なものが出てこないからです。

景気予測が一番難しいのは、景気が回復を始めたばかりの時に、海外の景気が小幅に悪化する場合です。景気が十分回復してからであれば、海外で多少の景気後退があって輸出が減っても、国内景気が腰折れすることはないでしょうが、景気回復の初期は、病み上がりの人が再び体調を崩しやすいのと同じで、簡単に景気が腰折れしてしまうのです。

悩ましいのが、中途半端な輸出の減少が見込まれる場合です。船が嵐に遭遇し、大波を受けて転覆《てんぷく》しそうな場面を想像してください。「あと1センチ波が高くなれば転覆するが、今の波のままなら大丈夫だ」という状況下で、船が転覆するか否かを予測するのは困難ですが、それによって結果がまったく異なってしまうのですから、予測を外した場合の打撃は大きなものがあります。それと同じだと考えてください。

バブルかもしれない時に、責任感を持って景気を予測するのは不可能です。そもそもバブルか否かがわかりませんし、仮にバブルだとしても、いつ崩壊するのかを予測することは不可能だからです。そのような時には、個人の財布では投資をせず、静かにしているのが一番ですし、景気の予測も「株価が現状レベルで推移すると仮定して行なう」しかありません。

5 財政金融政策の手段と効果

不況期には、政府が公共投資や減税を行ないます。日銀は金融を緩和します。景気が過熱すると、政府は財政を引き締め気味に運用します。日銀は金融を引き締めます。これにより、景気を適度な状態に保とうと努めるわけです。

●景気変動の基本は財政金融政策による方向転換

景気がその方向を変えるのは、外から方向を変える力が働いた場合です。最も基本的な力は、政府日銀による財政金融政策です。景気が悪い時には、景気を回復させようと政府日銀が頑張ります。景気が悪いほうが好きだ、という人はいませんから、当然のことですね。

もっとも、「過ぎたるは及ばざるが如《ごと》し」ですから、景気が良すぎてインフレが心配な時には、わざと景気を悪化させてでもインフレを防止しようとします。インフレは、一度始まると収束させるのが大変なので、始まる前に、あるいは本格化する前に抑え込んでおく必要があるのです。

【図4−5−1】景気変動の基本的なメカニズム

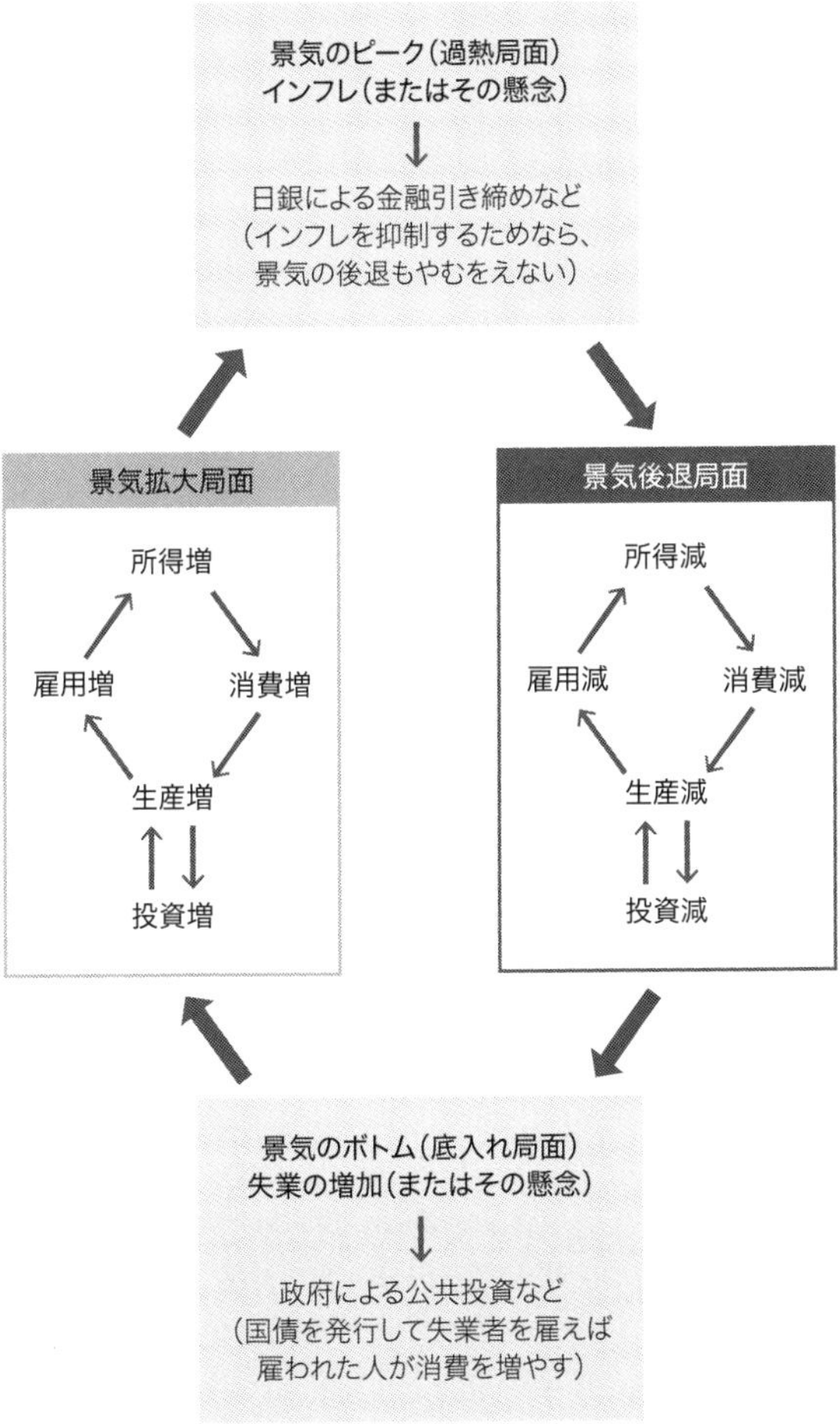

なぜなら、人々が「インフレが来る」と思うと、買い急ぎをするので、本当に物価が上がってしまう、ということになりかねないからです。

政府は財政政策で、日銀は金融政策で景気の調節を試みます。政府は不況期に公共投資や減税で景気の回復を図るのが得意です。日銀は景気過熱時にインフレ防止に努めるのが得意です。もちろん、政府もインフレ防止に、日銀も景気回復に努めますが、こちらは得意ではないようです。

●政府は公共投資と減税

政府は、不況期に景気を回復させるため、公共投資を行ないます。橋や道路を造ることで、失業者が建設労働者として雇われることを期待するのです。雇われた元失業者が給料をもらってモノを買うので、建設業以外の企業も売上が増えて雇用を増やし、そこに雇われた元失業者が給料をもらって……というように次々と需要が作られていく（モノが売れるようになっていく）ことを期待しているわけです。これを「乗数効果《じょうすう》」と呼びます。

政府は、減税も行ないます。一つは所得税減税です。人々の給料が変わらなくても、天引きされる税金が減れば人々の懐《ふところ》が温かくなるので消費が増えるだろう、というわけです。今ひとつは設備投資減税です。設備投資をしたら税金を安くする、というインセンティブを与えて、企業が設備投資を積極化すると期待するのです。エコカー減税なども同様です。

日本では景気回復の手段として、減税よりも公共投資がよく使われますが、どちらも一長一短です。公共投資は、政府が自ら失業者を雇うため、必ず景気は良くなりますが、無駄な道路などが建設されてしまう可能性もあります。減税は、無駄なモノが作られたり買われたりすることはありませんが、所得税減税分が貯金へと回されてしまって消費が増えない可能性、もともと投資する予定だった企業だけが投資をして減税を受けるので投資が増えない可能性、などがあります。

財政政策は、不況期に景気を良くする効果は大きいのですが、景気が過熱したときに冷やすのは苦手です。公共投資を減らすといっても、必要な道路は造らなければなりませんし、「景気を冷やすために増税します」などという政策は、国会で大騒ぎになりますからね(笑)。

●日銀は金融緩和と金融引き締めで景気をコントロール

日銀の金融政策には、不況時に景気回復を図る金融緩和と、景気過熱時に景気抑制を図る金融引き締めがあります。

かつては公定歩合操作など、金利を直接動かしていたのですが、最近では日銀が銀行から国債を購入し、世の中に資金を出回らせることで世の中の金利の低下を促す「買いオペ」が金融緩和の主な手段となっています。金融引き締めは、反対に日銀が銀行に国債を売る「売りオペ」です。「買いオペ」とは、日銀が「銀行の金庫から国債を持ち帰り、札束を置いて帰る」取引ですから、札束を置いていかれた銀行は、その札束を誰かに貸そうとします。世の中の金利は貸したい人と借りたい人のバランスで決まりますから、貸したい人が増えれば金利が下がる、ということを期待しているわけです。

バブルが崩壊してから、日銀は積極的に買いオペを行なって世の中の金利が下がるように努めました。その結果、世の中の金利はゼロになりましたが、景気は回復しませんでした。そこで、さらに買いオペを続けたのです。世の中の金利を引き下げる目的ではなく、世の中に大量のお金が出回ることにより、景気が良くなることを期待したのです。

アベノミクスになってからは、消費者物価指数上昇率を2％に高めることを目指して、極めて例外的な策が採《と》られています。本書執筆時点では「長短金利操作付き量的・質的金融緩和」というものです。

詳述は避けますが、とにかく猛烈な量の買いオペを行なうこと、準備預金（銀行が日銀に預けている当座預金）の金利をマイナスにすること、が特徴です。後者は、銀行が「日銀に預けて金利を取られるくらいなら、頑張って企業への貸出を増やそう」と考えるように促す政策です。

●金融引き締めの効果は抜群。金融緩和の効果は小さいはずだが

金融引き締めの効果は抜群です。金利が20％になれば、借金して工場や家を建てる人はいませんから、景気はただちに悪化します。もっとも、景気を悪化させるのではなく、インフレを抑えることが目的ですから、「インフレを抑えるために最低限必要な利上げ幅」を予測して、それを実施する必要があるのです。

そして、それは大変に難しい作業です。そこで、日銀には（内閣府と並んで）日本の最高水準のエコノミストが集められているわけです。ちなみに、エコノミストという言葉は経済学者を含めて多くの人が自称していますが、ここでは「景気予測を本業としている人」という意味で使っています。

一方、金融緩和の効果は、今ひとつです。景気が悪く、現存の工場の稼働率が低い時に「金利が低いから借金して工場を建てましょう」と言われても、工場を建てる企業は少ないでしょう。まして、金利がゼロの時に日銀が買いオペをしても、銀行の貸出金利が下がるわけではないでしょうから、景気回復には役立たないはずです。

以上が理屈ですが、アベノミクスで黒田日銀総裁が大胆な金融緩和を行なったら、景気が回復してしまったのです。「景気は気から」ということですね。詳しくは、第1章「アベノミクス」で。

公共投資は無駄なのか？

バブルが崩壊するまでは、景気が悪くなると公共投資を行なうのが普通でした。しかし、バブル崩壊後に巨額の公共投資を行なっても景気が回復せず、無駄な（交通量が少ない）道路が大量に造られたのを見た人々は「公共投資は無駄だ」と考えるようになりました。そこで、バブル崩壊以降の景気対策では、公共投資が使われにくくなってしまったのです。

公共投資には、二つの効果があります。「必要な道路や橋が造られること」と「景気が良くなること」です。バブル崩壊後に急いで公共投資を実施したため、交通量が少ない道路が大量に造られてしまったのは事実でしょうが、それでも景気対策としての意味はあったのですから、「公共投資が無駄だった」というのは誤解です。ケインズは「不況の時は穴を掘れ」と言いましたが、無駄な道路であっても、ケインズの教えには従っているわけです(笑)。

確かに、公共投資を行なっても景気は回復しませんでしたが、あれだけのバブルが崩壊したわけですから、「公共投資を行なっていなかったら大不況になっていたはず」です。経済は実験できないので、どの程度の不況になっていたのかを想像するのは難しいものです。試験管の中でバブルを100回崩壊させてみて、公共投資を行なった場合と行なわなかった場合を比較する、といったことができればよいのですが(笑)。

「神の見えざる手」を信奉《しんぽう》する主流派経済学者が公共投資に否定的だ、ということに加え、財政再建に熱心な財務省が「公共投資は無駄だ」というイメージ作りに暗躍《あんやく》した、という噂もありますが、いずれにしても、公共投資の人気が落ちたのは残念なことです。

「公共投資には一時的な効果しかない」という人も少なくありません。「公共投資で今年の景気が良くなっても、来年、公共投資を行なわなければ来年の景気は悪くなるのだから、永遠に公共投資をやり続けなければならない」と言うのです。

しかし、筆者はそうは思いません。公共投資で景気の方向を下向きから上向きに変えることができれば、翌年は公共投資をやめても景気は回復を続けるはずだからです。「マッチで部屋を暖めることはできない」けれども、「マッチでストーブに火をつければ部屋は暖まる」というわけです。

以上のように、筆者は公共投資の景気回復効果を高く評価していますが、アベノミクスの公共投資については、景気回復効果は初期に限られたと考えています。初年度に予算を増やした結果、労働力不足となり、それ以上予算を増やしても効果がない状態になったからです。オリンピック後に景気が後退する可能性を考えて、その時に着工できるように設計図を書きためておくぐらいしか、今できることはなさそうですね。

6 景気と金利、株価、為替

景気が動くと金利や株価や為替レートが動き、金利や株価や為替レートが動くと景気が動きます。もっとも、今の金融緩和は異例ですから、「通常なら」「でも今は」という区別をしっかりつけることが必要です。

●景気が回復すれば金利は上がるはず（通常なら）

短期金利は、日銀がコントロールしています。短期金利の目標を定め、それより金利が高ければ買いオペで金利を下げ、低ければ売りオペで金利を上げるわけです。景気が悪い時は、日銀が金融を緩和します。金利を「普通」より低くして設備投資などを促すわけです。

景気が回復すれば、緩和する必要がなくなりますから、金利を「普通」に戻すことになります。景気が過熱すれば、金融引き締め政策により、金利を「普通」より高くします。ちなみに普通の金利というのは、景気を良くも悪くもしない金利のことで、「景気に中立的な金利」などと呼ばれることもあります。

以上が短期金利の動きですが、長期金利は、日銀がコントロールしているわけではなく、将来の短期金利に関する市場参加者の予想で動きます。「今、10年国債を買う」のと「今、1年国債を買って、満期が来るたびに1年国債を買い続ける」のとどちらが得か、投資家は考えています。「将来、景気が良くなって金利が上がりそうだ」と投資家たちが考えれば、長期国債を買う人が減るので、政府が銀行に「高い長期金利を払うから長期国債を買ってくれ」ということになり、長期金利が上がるのです。詳しくは、本項の補論にて説明しましょう。

●(でも今は)日銀が大量に国債を買うので長期金利が上がらない

日銀は、消費者物価上昇率を2％にするという目標を掲《かか》げています。景気ではなく物価を目標にしているので、失業率が下がって企業収益が好調に推移しているにもかかわらず、短期金利の誘導目標をゼロに据《す》え置き、かつ巨額の買いオペで銀行に資金を供給し続けています。

短期金利に限ったことではありません。最近では日銀が長期国債をあまりに大量に買うので、市場参加者による将来の短期金利の予想とは無関係に、長期金利は低位安定しています。とくに日銀が長期金利の目標を定めてからというもの、10年国債の利回りが概《おおむ》ねゼロに固定されているのです。今後さらに景気が拡大を続け、消費者物価上昇率が2%を超えてから、ようやく日銀は金融政策を変更するのですから、しばらくは長期金利も短期金利も現状のままが続くのでしょう。

●金利が上がれば景気が弱まる自動調節機能がある（通常は）

通常であれば、人々が景気の過熱を予想し始めると、実際に日銀が金融を引き締める前に長期金利が上昇します。人々が将来の短期金利の上昇を予想するからです。それによって、借金をして設備投資をする企業が減り、景気の過熱が予防される場合があります。市場による景気の自動調節機能ですね。

しかし、日銀が長期金利もコントロールしている現状では、人々が将来のインフレを予想しても長期金利は上がりません。そうなると、「長期金利が低いうちに借金をして、設備投資や住宅購入を済ませておこう」という駆け込み需要が発生するかもしれません。それが景気の波を大きくしてしまう可能性もあり、要注目です。

●景気が良ければ株価が上がる傾向

景気が良ければ、企業業績は好調となり、株価には上昇圧力がかかります。景気が悪ければ下落圧力がかかります。しかし、世の中はそれほど単純ではないようです。

ウォール街に、「強気相場は悲観の中に生まれ、懐疑《かいぎ》の中で育ち、楽観とともに成熟し、幸福のうちに消えていく」という有名な格言があるそうです。景気が悪い時には金融が緩和されているので、株価が上がる場合があるのでしょう。「金融相場」という言葉も、そのことを指しているのかもしれません。景気が回復すると「業績相場」になりますが、景気が過熱してくると金融の引き締めが視野に入るため、株価には下落圧力がかかる場合もあるのでしょう。

あくまでも、そういう場合がある、ということであり、景気さえ予測できれば株価は予測できる、ということではありません。過大な期待は禁物です(笑)。

●株価は景気の先行指標だが、景気の押し上げ要因とは言えない

内閣府が発表している景気先行指数の計算には、株価が用いられています。つまり、内閣府は「株価が上がれば、景気は良くなる可能性が高い」と考えているわけです。もっとも、これは「株価の上昇が景気回復の原因である」という因果関係を意味しているのではありませんから、注意が必要です。

人々は、景気の回復を予想すると株を買います。人々の予想が当たるとすると、株価が先に上

【図4−6−1】株価と景気の関係

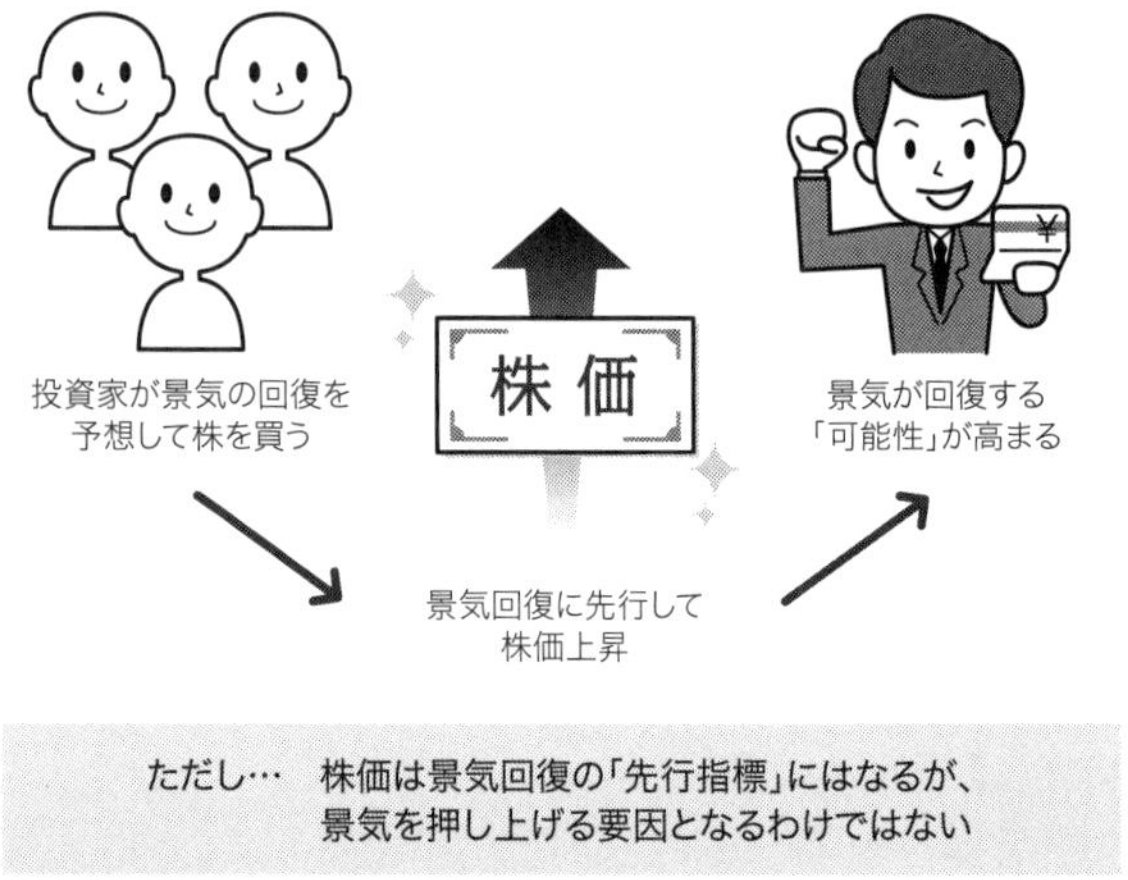
投資家が景気の回復を
予想して株を買う
株価
景気が回復する
「可能性」が高まる
景気回復に先行して
株価上昇
ただし… 株価は景気回復の「先行指標」にはなるが、
景気を押し上げる要因となるわけではない

がり、追って景気が良くなるので、株価が先行指標となり得るわけです。因果関係的には親が子より後に生まれた感じですね(笑)。

リーマン・ショックのような場合には、日本の株価は瞬時に下がりますが、日本の対米輸出が減って日本の景気が悪化するまでには時間がかかります。従って、この場合にも株価が景気に先行します。リーマン・ショックが「親」で株価と景気は「兄弟」、ということですね。

●好景気は円高要因のはず

景気が回復すれば、日銀が金融緩和を終了して金利を引き上げます。投資家はそれを予想するので、日本国債の利回りが上がります。そうなると、投資家は「日本国債と米国債の利回り格差は小さいから、為替リスクを負ってまで米国債を買う必要はない」と考えて、米国債投資を減らします。そうなると、輸出企業が持ち帰ったドルを買う人が減り、ドル安になります。かつては、「景気が回復すると輸入が増えて、ドル買い注文が増えてドル高になる」とも言われていたのですが、最近では輸入増よりも米国債投資の減少のほうが、はるかに影響が大きいようです。

もっとも、現時点では、日銀の金融政策は消費者物価上昇率によって変化しますから、必ずしも景気回復が為替レートに影響するのか否か、定かではありません。今後の推移に注目です。

●円安は輸出を増やして景気を回復させるはずだが

かつて、「Jカーブ効果」なる言葉があり（今も言葉はあると思いますが）、「円安になっても輸出数量が増えるまでには半年から1年を要するから……」と教わりました。

しかし、アベノミクスで円安になってから数年間、輸出数量はほとんど増えませんでした。従来に比べて、円安が輸出数量を増やす効果が薄れているようです。一方で、円安になると輸入品の価格は上昇しますから、消費者には打撃となり、消費が減る要因ともなりかねません。

かつては、円安は景気にプラスだと誰もが信じていましたが、そうでもない時代なのかもしれません。株式市場では、今でも素直に「円安は株高要因」となっていますが（笑）。

長期金利が上がると国債は値下がりする

普通の長期国債は、発行されたときに利払い額と満期時の償還《しょうかん》額が決まっています。たとえば、金利2%の10年債であれば、額面100円に対して毎年2円の金利が支払われ、満期時には100円が支払われます。

世の中の長期金利が2%であったときに、この国債が発行されたとしましょう。当然、100円で売り出されるわけです。その後、人々がインフレを予想するようになり、長期金利が3%に上がったとします。「政府が新しい国債を発行しても、金利が3%以下なら買わない」と投資家たちが考えるので、政府が新しく出す国債の金利を3%にするのです。

この時、過去に発行された金利2%の国債を100円で買う人がいるでしょうか。政府が金利3%の国債を100円で売っているわけですから、2%の国債を100円で買う人はいませんね。この国債を持っている人が、どうしても売ろうと思えば、90円で売るしかありません。90円ならば、買ってくれる人がいるでしょう。

この国債を90円で買って10年間持っていれば100円が戻ってきますから、10円の得です。これに毎年の金利2円を加えれば、3%で運用したのと同じことになるからです。実際のプロの計算式は今少し複雑なようですが、概ねイメージはつかめたかと思います。

つまり、世の中の長期金利が上昇すると、国債の流通価格は下落するのです。「金利が上がった」というニュースを見て、「投資家は金利がたくさん受け取れて喜んでいるだろう」と思う人がいるかもしれませんが、そうではないのです。持っている国債の値段が下がって、落ち込んでいる投資家も多いのです。

「持っている長期国債が値下がりしても、売らなければ損が出ない」ということもいえそうですが、そうとも限りません。経理の規則として、値下がりした長期国債は、決算書に安い値段で載《の》せるべき場合もあります。そうでなくとも、国債を持っている銀行が、「高い金利で預金を預かり、低い金利を政府から受け取る」ことで損をすることも考えられるでしょう。

反対に、金利が下がると、国債の流通価格は上がります。金利2％の時に発行された国債は、世の中の長期金利が1％になってから眺《なが》めると、宝物ですから(笑)。

そこで、実際には10年間の資金運用を考えているわけではない人も、長期国債を買う場合が出てきます。「明日までに長期金利が下がるだろうから、長期国債を今日買って、明日売ろう」といった人です。運用する資金を何も持っていない人が、銀行から借金をして長期国債を買い、明日になったら売却して銀行に借金を返す、といったことも行なわれているわけです。

7 景気の現状を知る

景気の現状を手っ取り早く知るためには、月例経済報告が便利です。本文の要旨とともに、主要経済指標も見てみましょう。グラフが豊富で、景気の全体像が容易に把握《はあく》できます。

●内閣府と日銀は日本最高のエコノミスト集団

景気の現状と展望について、日本で最も優《すぐ》れた分析を行なっているのは内閣府と日銀です。考えてみれば、経済政策や金融政策を立案するためには、景気の現状を把握し、正確な展望を持たなくてはなりませんから、それは当然ともいえます。昔は、大手銀行なども景気予測に力を入れていましたが、最近では市場調査に軸足を移しているケースも多いようです。

内閣府は毎月、「月例経済報告」を発表しています。景気の現状について簡潔に記してあるほか、主要経済指標がコンパクトにまとめられています。経済指標が、数字の羅列《られつ》だけではなく、グラフ類が充実しているのが便利です。関係閣僚会議にかけられるため、専門家でなくとも理解しやすいような工夫が随所《ずいしょ》になされているのも、経済初心者には有難いところです。よって、以下の要領に従えば、経済初心者でも景気の現状を5分で把握することが可能です。毎月下旬に発表され、インターネットで見ることができます。

日銀は、かつては「金融経済月報」を毎月出していましたが、現在は展望レポートを年に4回出しています。もっとも、月例経済報告に比べると内容が高度で、経済がよくわかっている人に向けて経済分析を披露しているものなので、経済初心者にはお勧めしません。余裕があれば、最初のページの「概要」だけ覗《のぞ》いてみてください。

●月例経済報告の3ページ目に要旨あり

月例経済報告は、表紙に結論が記してあります。たとえば2017年10月分は「景気は、緩やかな回復基調が続いている」となっています。これだけでも最低限のことはわかりますが、3ページ目も見てみましょう。総論の部分に「需要項目別の状況（個人消費、輸出などの状況）」があります。総論で概要を把握したら、他の部分はパスして「主要経済指標」のファイルに進みましょう。ちなみに、経済指標は振れるので、一喜一憂せずに大きな流れをつかむことが重要です。その意味で、グラフは大変便利なのです。

まずは、景気動向指数の「ＣＩ一致指数」を見ましょう。景気動向指数というのは、景気に関係の深そうな経済指標を10個ほどピックアップし、「平均」したものです（実際の計算は複雑ですが）。「景気」という統計は存在しないので、ＣＩ一致指数を「景気」だと考えて良いでしょう。他の統計を「平均」するために発表のタイミングが遅く、それゆえ注目度は低いのですが、極めて便利なので、経済初心者にはぜひともお勧めです。もっとマスコミが取り上げてくれれば良いと筆者は常々思っているのですが、滅多《めった》に報道されませんね。ちなみに、ＣＩには一致指数の他に、先行指数と遅行指数がありますが、こちらは見なくても構いません。

次に、「ＧＤＰギャップ」も見ておきましょう。国民所得統計速報のページにグラフが載っています。難しい定義はともかくとして、大雑把に「プラスなら景気が良い、マイナスなら景気が悪い」と考えて良いでしょう。

バブル崩壊後の日本経済は、景気が悪い状態が続いていましたが、本項執筆時点ではわずかながらＧＤＰギャップがプラスとなっていて、景気が「良い」ことが窺《うかが》われます。労働力不足が深刻化しつつあることを考えれば当然とも言えますが、生産がそれほど増えず、設備稼働率も今一つなので、「景気が大変良い」とまでは言えないのでしょう。

【図4−7−1】経済動向指数CIの推移

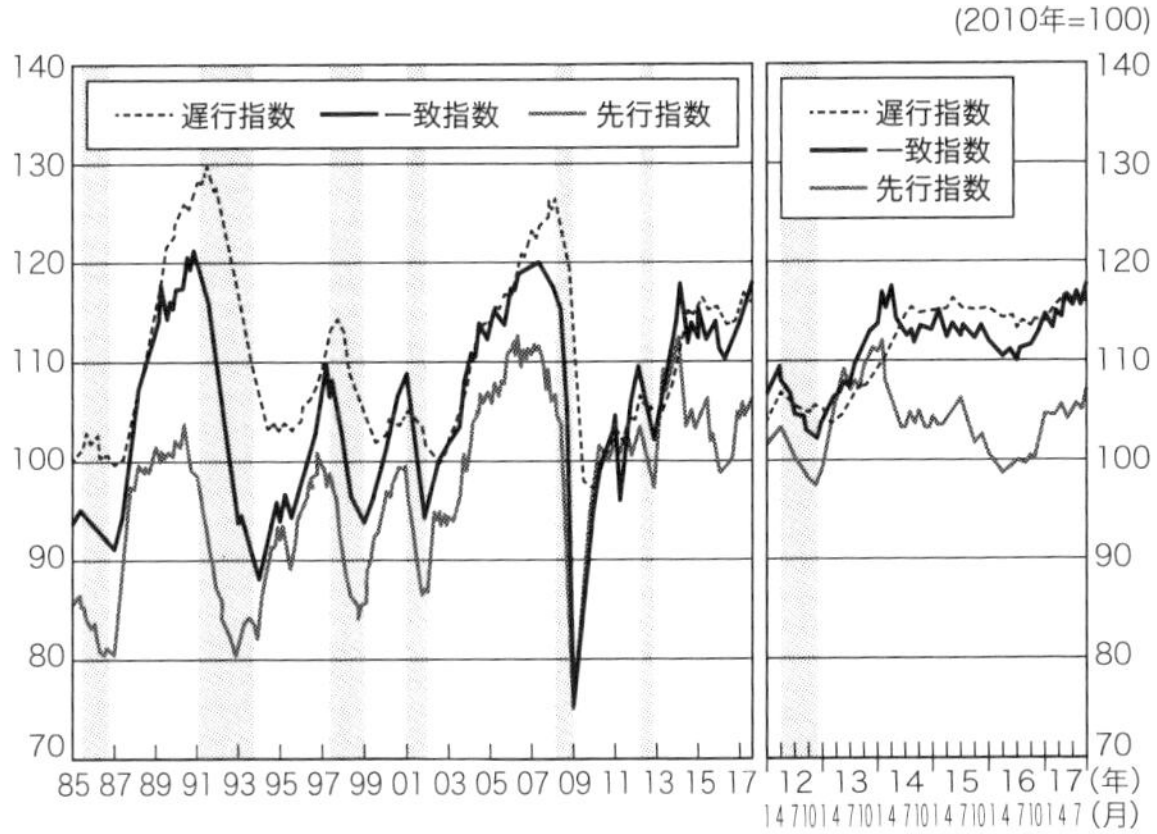

(注)グラフのシャドー部分は景気後退期を示す。

(出所)月例経済報告「主要経済指標」

【図4−7−2】鉱工業生産・出荷・在庫・在庫率の推移

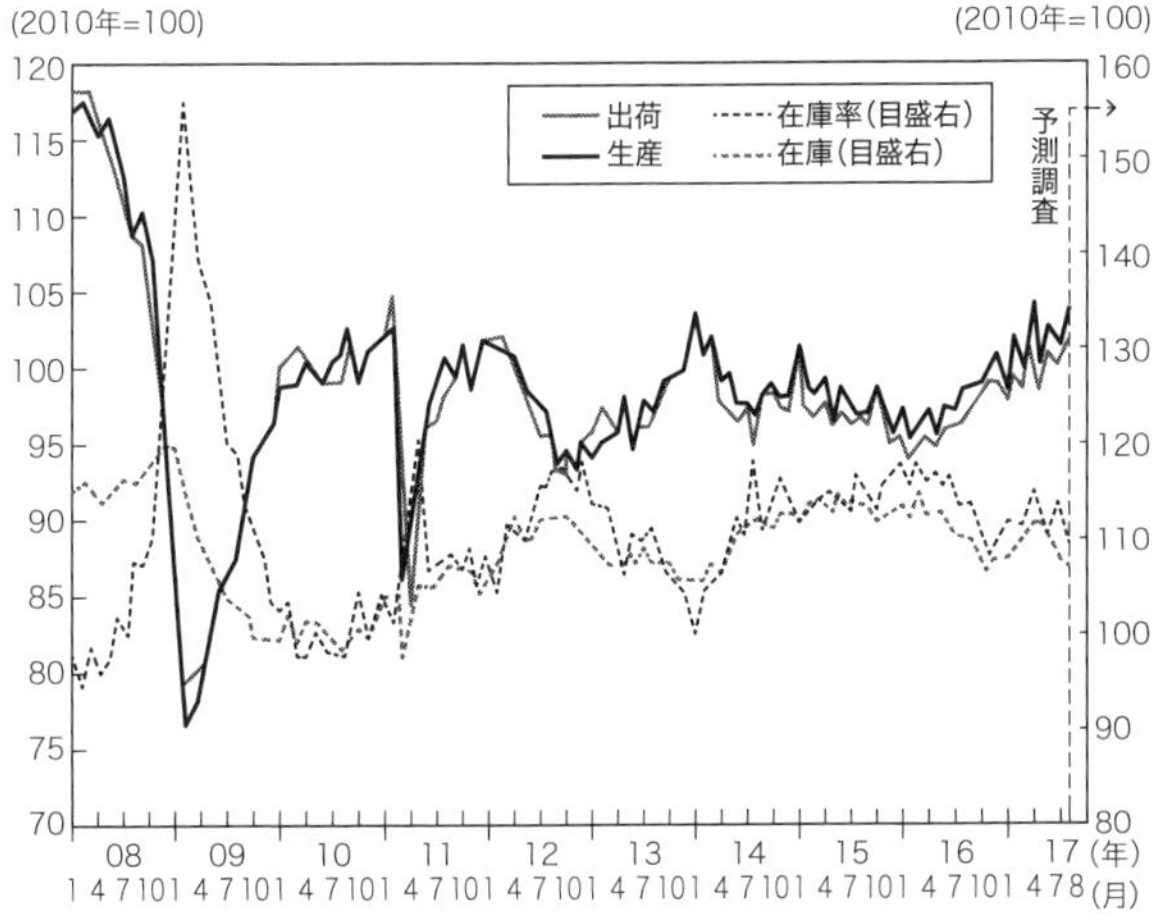

(出所)月例経済報告「主要経済指標」

●個別の経済指標では鉱工業生産指数

個別の経済指標で圧倒的に重要なのは、経済成長率（＝実質GDP増加率）なのですが、残念なことに日本のGDP統計は振れが大きいので、経済初心者が見てもとまどうだけに終わる場合が多いようです。そこで筆者は、鉱工業生産指数をお勧めしています。

日本経済に占める製造業のウエイトは、決して大きくはありませんが、非製造業に比べて製造業は振れ幅が大きいのです。たとえば、不況になると自動車を買う人は減りますが、自動車を修理する人は減らないので、自動車生産台数を見るほうが自動車修理台数を見るよりも景気がわかる、というイメージですね。製造業の活動が活発になると運送業も活発になる、といったこともあります。

なお、鉱工業生産指数を見るときは、同じグラフに描《か》き込まれている在庫指数もついでに見ておきましょう。生産が好調でも、在庫が急増している場合には、生産者が気づかないうちに売上が落ち込んでいるのかもしれません。

●需要項目別には設備投資、輸出数量

需要項目でウエイトが大きいのは個人消費ですが、筆者はあまり重視していません。消費増税

にともなう駆け込み需要と反動減の場合は、例外的に個人消費にも注目しますが、そうでない時には、設備投資と輸出数量を重視しています（その理由は、本章第3項「日本のＧＤＰ」参照）。

主要経済指標には、「製造業・非製造業の設備投資（実質）」というグラフがありますから、これを見ましょう。輸出入数量指数のグラフも、要チェックです。

輸出を見るときには、円建ての輸出金額でもドル建ての輸出金額でもなく、輸出数量指数を見ます。とくに、円建ての輸出金額はドル相場の変動の影響を受けやすいので、要注意です。ドル高円安の時に「輸出金額が増えた」と喜んでいたら、ドル高円安によって輸入金額も同じように増えていて、結局景気への影響はゼロだった、ということになりかねませんから。

失業率、有効求人倍率は、景気を見るというよりも、経済政策が成功しているか否かを確認する意味でチェックしましょう。何といっても、働きたい人が仕事にありついている、というのは経済政策の最大の目標です。

ちなみに、物価については、金融政策との関係では注目されますが、景気との関係ではあまり注目されませんので、株価や為替レート等に興味がある場合を除いては、とくに注目する必要はないでしょう。

景気を語るのは学者、予想屋、市場予想屋、トンデモ屋

景気について語る人は大勢います。皆が「エコノミスト」と自称しているのでややこしいですが、筆者は彼らを四つのグループに分けて考えています。

第一は「理論優先の経済学者」です。現実の景気の動きを説明するより、理論的な話に興味があるようなので、放っておきましょう(笑)。第二に「トンデモ屋」。常に破綻シナリオを唱え続けている人です。話は面白いですが、景気を知りたい人は近づかないようにしましょう(笑)。

残るのは、「景気の予想屋」と「市場の予想屋」です。景気予想屋は、景気そのものを予想する人で、筆者はここに属しています。内閣府や日銀の人々も同様です。市場予想屋は、株価や為替レートなどを予想する目的で景気について語る人々で「マーケット・エコノミスト」と呼ばれることもあります。

景気予想屋は、幅広い経済指標を万遍《まんべん》なく見渡して、景気の大きな方向を探ろうとしますが、市場予想屋は、市場参加者が関心を示しそうな限られた事項に神経を集中させます。たとえば鉱工業生産について必死に語ったとしても、鉱工業生産が発表されたときに市場参加者がまったく注目せず、市場が動かなかったら意味がありませんから、これは当然ですね。彼らが非常に注目

するのは日米の金融政策で、次が米国の雇用統計と日銀短観でしょう。

金融政策は、市場参加者からの注目度は高いですが、景気予想屋はほとんど注目しません。ゼロ金利時に日銀が何をしても、企業の設備投資には関係ないからです。だから、景気予想屋は金融政策についてあまり語りません。

景気予想屋は、経済指標に一喜一憂せず、じっくりと判断します。経済指標は振れるので、数か月分を眺めるべきだからです。一方、市場予想屋は一喜一憂します。株価や為替は経済指標にすばやく反応するので、じっくり構えていては市場の動きに取り残されてしまうからです。

そこで、景気予想屋は市場予想屋のことを「雨が降れば洪水が心配だと騒ぎ、雨がやめば水不足が心配だと騒ぐ、節操《せっそう》のない人々」と批判しますが、市場予想屋は景気予想屋を「堤防が決壊してから洪水を心配し始める人々」と批判するわけです(笑)。

さて、景気予想屋と市場予想屋の違いについて述べてきましたが、両者は目的が異なっているので、どちらが優れているかということではなく、目的によって使い分ける必要があります。景気そのものが知りたいのか、株価や為替を考える材料が欲しいのかによって、誰の話を聞くか選ぶべきです。その際、専門家が景気予想屋なのか市場予想屋なのかを知るには、金融政策について詳述しているか否かを判断材料にすると良いでしょう。

≪第3章≫

図【3−1−1】法人企業の売上高経常利益率の推移……145
【3−1−2】美容院の売上と利益の変化例……149
【3−2−1】離職率と入職率の日米比較……153
【3−2−2】企業の利益と従業員の報酬の推移……157
【3−3−1】国民経済における農業のシェアの変遷……162
【3−4−1】最終エネルギー消費の推移……167
【3−4−2】1次エネルギー国内供給の推移……169
【3−4−3】製造業のエネルギー消費と経済活動……173
【3−5−1】部門別資金過不足の推移……179
【3−5−2】資金循環の日米欧比較……181
【3−6−1】日本の主な輸出品目(2016年)……185
【3−6−2】日本の主な輸入品目(2016年)……187
【3−6−3】主な貿易相手地域(2016年)……187
【3−7−1】経常収支の推移……193
【3−7−2】対外資産負債の状況(2016年末)……195

≪第4章≫

図【4−1−1】国・地方を通じた純計歳出規模(目的別:2015年度)……203
【4−1−2】2017年度一般会計歳出・歳入の構成……205
【4−2−1】名目GDPと税収の推移……210
【4−2−2】先進各国の財政収支(GDP比)……212
【4−2−3】先進各国の純債務残高(GDP比)……212
【4−3−1】GDPの三面等価の原則……217
【4−3−2】生産面から見たGDP構成比(2015年)……220
【4−4−1】戦後の景気循環……228
【4−5−1】景気変動の基本的なメカニズム……233
【4−6−1】株価と景気の関係……244
【4−7−1】経済動向指数CIの推移……251
【4−7−2】鉱工業生産・出荷・在庫・在庫率の推移……251

図表索引

≪第1章≫

図【1−1−1】戦後経済史年表……19
【1−1−2】実質経済成長率の推移……21
【1−2−1】米ドルレートの推移……27
【1−2−2】日経平均株価の推移……27
【1−2−3】短期金利の推移……29
【1−3−1】高度成長期の大都市圏への人口流入……36
【1−4−1】バブル期の地価の推移……43
【1−5−1】金融機関の破綻件数……53
【1−6−1】日本企業の経常利益額の推移(金融保険を除く全産業)……63
【1−7−1】スペイン国債の利回り推移……70
【1−8−1】為替レートと株価の推移……75
【1−8−2】業況判断DIの推移……79

≪第2章≫

図【2−1−1】日本の人口ピラミッド(男女別:2015年10月現在)……87
【2−2−1】家計の収入と支出……94
【2−2−2】家計の資産、負債(年齢別)……96
【2−3−1】男女別、年齢別の完全失業率(2016年)……101
【2−3−2】労働時間と月間給与額(2016年)……104
【2−4−1】女性の年齢別労働力人口比率の推移……110
【2−4−2】性別・年齢別賃金……113
【2−5−1】消費者物価上昇率の推移……117
【2−6−1】公的年金制度の仕組み……126
【2−7−1】老後資金シミュレーション(年金受給開始65歳ケース)……135
【2−7−2】老後資金シミュレーション(年金受給開始70歳ケース)……135

【な】

内閣府…………227,237,243,248,254
内部留保……………………143-144
日本銀行（日銀）……20,22,28-29,31,34,42,44,48,54,72,74,81-82,117,119-121,224-226,230,232,234-237,240-242,244-245,248-249,254-255
日本的経営……19,150-152,156,195
年金…………4,57,88,96-97,112,115,124-132,134-136,204,206,209,214-215
年功序列……79,96-97,103,105,111,121,150-153,156,195
農業………36,40,85,159-165,220,222
農林水産業……158-159,203,219-220

【は】

ハイリスク・ハイリターン…………180
バブル……4,16,18-20,24,26,28-29,31,42-52,56-59,62,64,116-117,121,167,223-227,231,236,238
バブル崩壊……19-21,24,26,28-29,45,50-52,54,56-59,74,98,104-105,110,116,156,167,175,214,224-227,236,238,250
バランスシート………………30,52,143
非消費支出……………………94-95
非製造業………38,143-146,252-253
非正規雇用……………101,103-104
非正規労働者比率………………112
ビルトイン・スタビライザー…………206
ファンダメンタルズ……18,26,30-31,43
付加価値………144,158-159,216-218
物価上昇率…………………28-29,33,116,119,219,245
物価スライド…………………………206
復興期……………………19,25-26,36
プライマリー・バランス（基礎的財政収支）…………………………211
プラザ合意………18-19,33,37,44,46,116,172,182
不良債権……………………19,52,55
米国の中央銀行→FRB
ベビーブーム……………………35,86
変動金利……………………………138
変動相場制………………19,25,32-33
変動費…………………………148-149
貿易黒字……………………………192
貿易収支……25,33,182-184,186,190-193
貿易摩擦……………………………147
法人企業統計………………………142
法人税……………………205-207,210
保険会社……………………………177

【ま】

マネタリーベース……………………74
名目金利……………………………29
名目経済成長率……………………219
名目GDP……………………192,210
メインバンク……………………154-155
メガバンク……………………176-177

【や】

有効求人倍率………………102,253
ユーフォリア…………………26,42-44
ユーロ……………………66-69,71-72

【ら】

利ざや…………………………175-176
リーマン・ショック……19-20,46,50,56,63,66,102,183,211,226,244
累進課税……………………201,210
労働組合……………………………152
労働生産性……………………38-39
労働力人口………100-101,109-110

【わ】

ワーキング・プア…51,80,91,94,98,104

児童手当……91
シルバー民主主義……91
社会保障……204-205,208-209
従業員主権……150
就業率……108-109
終身雇用……79,103-105,115,150-151,153,156-157,195
住宅投資……58
住宅バブル……46-47,58-59,64
純資産……30,52,143,192,194-195
準備預金……81,236
証券化……58
証券会社……59,175-177
少子化……41,57,84,86,90-91,137,214
乗数効果……234
消費者物価指数……117,119
消費者物価上昇率(インフレ率)……74,80,117,119,241-242,245
消費税……71,205-207,209-210,215
食料自給率……160
所得再配分……200
人口密度……88
信用金庫……53,176-177
信用組合……53,176-177
成果主義……156
生活保護……128,201,203,214
生産性……32,38-39,162-163
税収……73,76,202,204,206,208-210,213,225
製造業……38,143-146,164-165,168,172-173,195,220,252
政府消費……221
石油ショック……17-19,34,39,116,166,172
設備投資……20,22,39,45,144,154,178,221-224,234-235,240,242,252-253,255
ゼロ成長……105,156,178
専業主婦……47,100,108-110,112,125-126,130-132
総資産……143
増税……2,21,57,67,69,72-73,206-211,213-215,222,235,252
相対的貧困……98

【た】

第1号被保険者……125,130-131
第一次産業……219
第一次所得収支……190-193
対外債務……68
対外純資産……190,192-194,196-197
第3号被保険者……125,131
第三次産業……219-220
第2号被保険者……125,131
第二次産業……220
第二次所得収支……190-193
第二地方銀行……176-177
団塊の世代……35,86
短期金利……29,240-242
男女雇用機会均等法……109,112,114
単身世帯……93-94,159
地価……18-19,42-43,52,89,207,226
地方銀行……52,176-177
地方公共団体(地方自治体)……201-204,209,213,225
地方交付税……202,204-205,208-209
中央銀行……42,58,60,69-70
中小企業……59.61,142,144
長期金利……241-242,246-247
長期国債……241,246-247
直接金融……175
直接投資……194-195
デフレ……74,79,116-120
デフレスパイラル……119
展望レポート……249
取り付け……57,64,70
ドル高……67,72-73,80-82,184,245,253

景気後退……19,61,63,226-227,231
景気動向指数CI……250
景気の安定化……200
経済指標……248-250,252-255
経済成長率……17-18,21,39,79,252
経済のサービス化……167,172
経済民主化……16,19,163
傾斜生産方式……16
経常収支……19,32-33,179,189-194,
196-197,213
経常利益……63,145,196
月例経済報告……248-249
減税……201,206-207,232,234-235
現地生産……146-147,183-184,186,
192
原油価格……122,169,183,185
公共サービス……200-201
公共投資……20-21,56-57,67,75-77,
201,209,213-214,222-223,232-
235,238-239
合計特殊出生率……86,90
厚生年金……124-127,130-131
合成の誤謬……57
構造改革……19,54-55
高度成長期……16-19,22-23,25-26,
32-41,87-88,102,105,108,116,
121,133,156,165-166,182
鉱物性燃料……185,187
合理的バブル……42
高齢化……28,40-41,57,73,78-79,84,
87,89,90,128,135,163,196-197,
204
高齢者……40,57,80,86-98,100-
101,128,132,135,160,164,178,
180,196,204,206-207,209,214,
228
国際収支統計……190,194
国債費……204,208-209
国際分業…37,71,85,172,182-183,186
国内総生産→GDP
国民所得倍増計画……19
国民年金……124-126,130-131
個人型確定拠出年金……129
個人消費……221-222,249,252
固定金利……138
固定相場制……25,32
固定費……148-149
雇用者……101
雇用のミスマッチ……102

【さ】

サービス収支……190-191,193
歳出……2,128,202-205,208-209,213
財政赤字……2,57,66,73,75,174,208-
209,211,214-215
財政金融政策……19,34-35,224-226,
230,232
財政再建……71,213,231
財政収支……72,76,202,211-212
財政政策……74-76,231,234-235
歳入……205
財務省……21,77,142,206,231,239
サブプライム・ローン……58-59,61
三本の矢……74
三面等価の原則……216-218
GDP……72,90,144,159,162,168,172,
212,216-220,222,250
GDPギャップ……250
自営業……93,97,100-101,108-109,
125,129,131-132,136
自己資本……52-53,60-61,64,71,143
自己資本比率……142-143
自己資本比率規制……52,59-61,63-
64,71
自然エネルギー……171
失業率……100-102,118,241,253
実質金利……28,119
実質経済成長率……21,219
実質GDP……167,172,252
私的年金……124,129

索引

【あ】
ITバブル……19-20,46-47,56,58,226
アベノミクス……19,21,23,50,74-75,77-78,80-82,98,100,102,115-117,184,236-237,239,245
安定成長期…… 18-19,26,39,116,166
ECB……70
一致指数……250
一般会計予算……202,204,208,213
一票の格差……165
医療費……88,95,137,204,209
インフレ……16,19,22,25,28,34,44,46-47,67,69,72,80,116-117,119-121,127-128,138-139,201,226,230,232-234,237,242,246
売上高経常利益率……145
エネルギー自給率……170
FRB……58,60
M字カーブ……109
円高…… 18-19,24-26,33,37,44,46,57,63,71,78,116,120,182-184,189,194,218,222-223,244
円安……73,77-78,184,245,253
欧州中央銀行→ECB

【か】
買いオペ……235-237,240-241
外貨準備……73,195
回復期……227
核家族……41,92
拡大期……227-228,230
家計調査……92-93,95,158
加工貿易……182
貸し渋り……52-53,59-65,71,143
過疎……40,89
化石エネルギー……166,168
株価……3,18-19,24,26,28,30-31,42-43,45-46,65,78,82,139,225-226,231,240,242-244,253-255
株式会社……150
貨幣数量説……81,121
過密……40,89,207
神の見えざる手……55,64,200,239
為替…… 3,24-25,30,32,62,67,75,77,120,218-219,240,245,253-255
間接金融……175
企業別組合……150-153,156
企業収益……63,241
基礎年金……124
偽薬効果……82
狂乱物価……19,116
ギリシャ……19,66-69,71-72
金の卵……36,38,40-41,88-89,133,161,210
金融緩和…… 19,28,31,44,46,58,63,67,72,74-75,77,80-82,118-121,231,235-237,240,244
金融機関……20,53-54,59-60,63,174-175
金融危機…… 4,19-20,45,54,56,62-63,65,175
金融経済月報……249
金融資産…92,95-97,134-135,180,214
金融政策……28,74-76,120,234-235,242,245,248,253,255
金融引き締め……28,117,232-233,235-237,240,243
金利…… 24,28-29,33,44,48,59,69-71,74,81,119,136,138,145,175-176,179-180,189,191,193,204,209,235-237,240-242,244,246-247
勤労者世帯……92,95-97
グローバル・スタンダード……156-157
景気回復……66,72,76,98,102,211,228-229,231,234-235,237,239,243,245

塚崎公義　つかさき・きみよし
東京都生まれ。1981年、東京大学法学部卒、日本興業銀行（現みずほ銀行）入行。おもに経済調査関係の業務に従事し、2005年に退職。現在、久留米大学商学部教授。趣味はFacebook、NewsPicks、COMEMO。著書は『経済暴論』（小社刊）、『世界でいちばんやさしくて役立つ経済の教科書』『なんだ、そうなのか！ 経済入門』など多数ある。

一番わかりやすい
日本経済入門

2017年12月15日　初版印刷
2018年 1 月 5 日　初版発行

著者 —— 塚崎公義
発行者 —— 小野寺優
発行所 —— 株式会社河出書房新社
〒151-0051 東京都渋谷区千駄ヶ谷2-32-2
電話（03）3404-1201（営業）
http://www.kawade.co.jp/
企画・編集 —— 株式会社夢の設計社
〒162-0801　東京都新宿区山吹町261
電話（03）3267-7851（編集）
DTP —— アルファヴィル
印刷・製本 —— 中央精版印刷株式会社
Printed in Japan　ISBN978-4-309-24841-7